Amada Va

Le doy Gracias a Dios por darme la Oportunidad de Conoserte y Poder Compartir Con usted momentes innoluidables Como lo es el de hoy.

Como miro en Tí la hermosa Lider que Dios esta formando en tí; Quice regalarte este Libro de Ensenanza Espero y lo heas detenidamente.

te Quiero Mucho.
Fanny Altamirano

06/09/18

# LA
# IGLESIA
# GLORIOSA

## WATCHMAN NEE

*Living Stream Ministry*
Anaheim, California • www.lsm.org

Primera edición: abril de 1996.


ISBN 978-0-87083-971-9


Traducido del inglés
Título original: *The Glorious Church*
(Spanish Translation)


Publicado por

*Living Stream Ministry*
2431 W. La Palma Ave., Anaheim, CA 92801 U.S.A.
P. O. Box 2121, Anaheim, CA 92814 U.S.A.

*Impreso en los Estados Unidos de América*

10  11  12  13  14  15  /  10  9  8  7  6  5  4

# CONTENIDO

# PREFACIO

El contenido de *La iglesia gloriosa* en esta edición difiere en varios aspectos de la primera edición norteamericana publicada en 1968. Durante la revisión de este libro para inclusión en *Recopilación de las obras de Watchman Nee,* la señora Beth Rademacher presentó a Living Stream Ministry un juego de notas manuscritas de los mensajes que constituyeron la base de la primera edición. El apéndice "Los vencedores y los cambios en el mover dispensacional de Dios", el cual se basa en estas notas, es una porción significativa e inédita de un mensaje que dio Watchman Nee durante esta conferencia. Según las notas de K. H. Weigh, los títulos originales eran los siguientes:

1. Introducción
2. Introducción (cont.)
3. La relación entre el plan de Dios y la iglesia
4. La tipología de la iglesia en el plan de Dios
5. El Cuerpo de Cristo y la Novia de Cristo
6. La iglesia y el reino de Dios
7. La relación entre los vencedores y la iglesia
8. La relación entre los vencedores y el reino
9. Los vencedores y los cambios en el mover dispensacional de Dios
10. Las calificaciones y actitudes básicas de los vencedores
11. La Esposa del Cordero
12. La introducción en el reino y la eternidad
13. Las características de la Novia de Cristo
14. Las características de la Novia de Cristo (cont.)

Las referencias bíblicas fueron actualizadas para reflejar el contenido de la *Versión Recobro,* publicada por Living Stream Ministry.

El prólogo siguiente fue escrito originalmente como prefacio de la primera edición de *La iglesia gloriosa.*

# PROLOGO

Los capítulos siguientes fueron traducidos de una serie de mensajes que el hermano Watchman Nee presentó en el idioma chino a la iglesia en Shanghái y a los colaboradores que estaban bajo su entrenamiento por un largo tiempo, del otoño de 1939 al otoño de 1942. Este período fue un tiempo de revelaciones espirituales y de visiones celestiales acerca de "las profundidades de Dios". Se ponía énfasis principalmente en la iglesia triunfante, el Cuerpo glorioso de Cristo, la plena expresión de Aquel que todo lo llena en todo. En estos mensajes una luz tremenda fue derramada con respecto a las cuatro mujeres significativas de las Escrituras: Eva en Génesis 2, la esposa en Efesios 5, la mujer en Apocalipsis 12, y la Novia en Apocalipsis 21 y 22. Estos relatos nos proporcionan un panorama completo de la iglesia gloriosa en el plan eterno de Dios, la iglesia que satisface Su deseo. El cuadro que presentan es tan extenso que abarca toda la eternidad, tanto pasada como futura. El contenido de los mensajes abunda en revelación e iluminación, y es muy profundo; por eso, es necesario leerlo todo con mucha oración y con una plena comprensión y asimilación en el espíritu. Que el Señor, la gloriosa Cabeza del Cuerpo, nos conceda un espíritu de sabiduría y de revelación a fin de que veamos y comprendamos las visiones de la realidad de la iglesia que El ha mostrado al autor. Nuestras oraciones acompañan este libro, y confiamos en que Dios, el Padre de nuestro Señor Jesucristo, "Aquel que es poderoso para hacer todas las cosas mucho más abundantemente de lo que pedimos o pensamos", lleve a cabo lo revelado en estos mensajes, "según el poder que actúa en nosotros". "A El sea gloria en la iglesia y en Cristo Jesús, en todas las generaciones por los siglos de los siglos. Amén".

Witness Lee
Los Angeles, California, USA
8 de junio del 1968

CAPITULO UNO

# EL PLAN Y EL DESCANSO DE DIOS

Lectura bíblica: Gé. 1:26—2:3; 2:18-24; Ef. 5:22-32; Ap. 12; 21:1—22:5

En estas cuatro porciones de las Escrituras se mencionan cuatro mujeres. En Génesis 2 la mujer es Eva; en Efesios 5 ella es la iglesia; en Apocalipsis 12, la mujer que aparece en la visión, y en Apocalipsis 21, la esposa del Cordero. Que Dios nos conceda luz para que veamos cómo estas cuatro mujeres están relacionadas la una con la otra y con el propósito eterno de Dios. Entonces podremos ver la posición que ocupa la iglesia y la responsabilidad que tiene en este plan y cómo los vencedores de Dios cumplirán Su propósito eterno.

## EL PROPOSITO DE DIOS AL CREAR AL HOMBRE

¿Por qué creó Dios al hombre? ¿Cuál era Su propósito al crear al hombre?

Dios nos ha dado la respuesta a estas preguntas en Génesis 1:26 y 27. Estos dos versículos tienen un significado muy importante. Nos revelan que la creación del hombre por parte de Dios era verdaderamente algo muy especial. Antes de crear al hombre, Dios dijo: "Hagamos al hombre a nuestra imagen, conforme a nuestra semejanza; y señoree en los peces del mar, en las aves de los cielos, en las bestias, en toda la tierra, y en todo animal que se arrastra sobre la tierra". Este era el plan de Dios al crear al hombre. "Dios dijo: Hagamos ... [al hombre a nuestra imagen]". Esto nos muestra la clase de hombre que Dios quería. En otras palabras, Dios estaba diseñando un "modelo" para el hombre que El había de crear. El versículo 27 revela la creación del hombre por parte de Dios: "Y creó Dios al hombre a su imagen, a imagen de Dios lo creó; varón y hembra los creó". El versículo 28 dice: "Y los bendijo Dios, y les dijo: Fructificad y multiplicaos; llenad la tierra, y sojuzgadla, y señoread en los peces del mar, en las aves de los cielos, y en todas las bestias que se mueven sobre la tierra". En estos versículos, vemos al hombre que Dios quería. Dios deseaba un hombre que reinara, un hombre que gobernara sobre la tierra; entonces estaría satisfecho. ¿Cómo creó Dios al hombre? El lo creó a Su propia imagen. Dios quería un hombre que fuera como El mismo. Entonces, es evidente que la posición que el hombre ocupa en la obra creadora de Dios es absolutamente única, pues entre todas las criaturas de Dios, sólo el hombre fue creado a la imagen de Dios. El hombre en el cual Dios había fijado Su corazón era completamente diferente de todos los demás seres creados; él era un hombre a Su propia imagen.

Aquí observamos algo extraordinario. El versículo 26 dice: "Hagamos al hombre a *nuestra* imagen, conforme a *nuestra* semejanza..."; pero el versículo 27 dice: "Y creó Dios al hombre a *su* imagen, a imagen de Dios lo creó; varón y hembra los creó". En el versículo 26, el adjetivo posesivo "nuestra" es plural, pero en el versículo 27 el adjetivo posesivo "su" [en la lengua original] es singular. Durante la conferencia que sostuvo la Deidad, el versículo 26 dice: "Hagamos al hombre a *nuestra* imagen"; por consiguiente, conforme a la gramática, el versículo 27 debería decir: "Y creó Dios al hombre a *su* [plural] imagen". Pero curiosamente el versículo 27 dice: "Y creó Dios al hombre a *su* [singular] imagen". ¿Cómo podemos explicar eso? Simplemente porque son tres los que constituyen la Deidad: el Padre, el Hijo, y el Espíritu; no obstante, sólo el Hijo tiene la imagen en la Deidad. Cuando la Deidad diseñaba la creación del hombre, la Biblia indica que el hombre sería hecho a "nuestra" imagen (puesto que Ellos son uno, se menciona "nuestra imagen"); pero cuando la Deidad estaba en el proceso de hacer el hombre, la Biblia dice que este hombre fue hecho a "su" imagen. "Su" denota al Hijo. Con esto podemos ver que Adán fue hecho a la imagen del Señor Jesús. Adán no precedió al Señor Jesús, sino que fue al revés. Cuando Dios creó a Adán, lo creó a la imagen del Señor Jesús. Es por esto que en la lengua original dice "a la imagen de El" y no "a la imagen de Ellos". El propósito de Dios consiste en ganar un grupo de personas parecidas a Su Hijo. Cuando leemos Romanos 8:29 vemos el propósito de Dios: "Porque a los que antes conoció, también los *predestinó* para que fuesen hechos conformes a la imagen de Su Hijo, para que sea el Primogénito entre muchos hermanos". Dios desea tener muchos hijos, y que todos estos hijos sean semejantes a Su único Hijo. Entonces Su Hijo dejará de ser el Unigénito, y será el Primogénito entre muchos hermanos. El deseo de Dios consiste en ganar este grupo de personas. Si lo vemos, nos daremos cuenta de lo precioso que es el hombre, y nos regocijaremos cada vez que el hombre sea mencionado. ¡Cuánto estima Dios al hombre! ¡Hasta El mismo se hizo hombre! El plan de Dios consiste en ganar al hombre. Cuando el hombre es ganado por Dios, el plan de Dios se cumple.

El plan de Dios se cumple por el hombre, y mediante el hombre Dios satisface Su propia necesidad. Entonces, ¿qué exige Dios del hombre que ha creado? El exige que el hombre gobierne. Cuando Dios creó al hombre, no lo predestinó para la caída. La caída del hombre se narra en el capítulo tres de Génesis, y no en el capítulo 1. Dios, en Su plan de crear al hombre, no lo predestinó para el pecado, y tampoco predeterminó la redención. No estamos minimizando la importancia de la redención; sólo estamos diciendo que la redención no fue predeterminada por Dios. Si lo fuera, entonces el hombre tendría que pecar. Dios no predeterminó eso. En el plan de Dios para crear al hombre, éste fue predestinado para tener dominio. Vemos esto en Génesis 1:26, donde Dios nos revela Su deseo y el secreto de Su plan: "Hagamos al hombre a nuestra imagen, conforme a nuestra semejanza; y señoree en los peces del mar, en las aves de los cielos, en las bestias, en toda la tierra, y en todo animal que se arrastra sobre la tierra". Este es el propósito de Dios para el hombre que creó.

Quizás algunos pregunten por qué Dios tiene tal propósito. La razón es la siguiente: un ángel de luz se rebeló contra Dios antes de la creación del hombre y se convirtió en el diablo: Satanás pecó y cayó; el lucero vino a ser el enemigo de Dios (Is. 14:12-15). Por consiguiente, Dios retiró del enemigo Su autoridad y la puso en las manos del hombre. La razón por la cual Dios creó al hombre fue para que gobernara en lugar de Satanás. ¡Cuán abundante es la gracia que vemos en la creación del hombre por parte de Dios! Dios desea que el hombre gobierne, y aún más indica un área específica para el dominio del hombre. Vemos esto en Génesis 1:26: "Y señoree en los peces del mar, en las aves de los cielos, en las bestias, en toda la tierra, y en todo animal que se arrastra sobre la tierra". "Toda la tierra" es la esfera del dominio del hombre. Dios no solamente dio al hombre el señorío sobre los peces del mar, las aves de los cielos y las bestias, sino que también exigió que el hombre señoreara sobre "toda la tierra". El hombre está particularmente relacionado con la tierra. La atención de Dios estaba centrada en la tierra, no solamente cuando El planeó crear al hombre. Al contrario, vemos que Dios, después de crear al hombre, dijo claramente al hombre que había de tener dominio sobre la tierra. Los versículos 27 y 28 dicen: "Y creó Dios al hombre a su imagen, a imagen de Dios lo creó; varón y hembra los creó. Y los bendijo Dios, y les dijo: Fructificad y multiplicaos; llenad la tierra, y sojuzgadla..." Aquí Dios recalcó el hecho de que el hombre debe "llenar la tierra" y "sojuzgarla". El dominio del hombre sobre los peces del mar, las aves de los cielos, y los animales que se arrastran sobre la tierra es algo secundario. El dominio del hombre sobre estas cosas es algo adicional; el punto principal es la tierra.

Génesis 1:1-2 dice: "En el principio creó Dios los cielos y la tierra. Y la tierra estaba desordenada y vacía, y las tinieblas estaban sobre la faz del abismo". Estos dos versículos quedan claros cuando los traducimos directamente del hebreo. Leamos el versículo 1 conforme al idioma original: "En el principio creó Dios los cielos y la tierra". Aquí los cielos están en plural y se refieren a los cielos de todas las estrellas. (La tierra tiene su cielo, y todas las estrellas tienen el suyo también.) Leamos la traducción directa del versículo 2: "Y la tierra quedó desolada y vacía [no estaba], y las tinieblas estaban sobre la faz del abismo". En el hebreo, antes de "la tierra", viene la conjunción "y". "En el principio, Dios creó los cielos y la tierra"; no había ninguna dificultad, ningún problema, pero luego algo sucedió: "y la tierra quedó desolada y vacía". El verbo "estaba" en Génesis 1:2 ("y la tierra estaba desolada y vacía) y el verbo "se volvió" en Génesis 19:26, donde la esposa de Lot se volvió estatua de sal, son el mismo. La esposa de Lot no nació como estatua de sal, sino que se volvió estatua de sal. La tierra no estaba desolada y vacía cuando fue creada, sino que se volvió así después. Dios creó los cielos y la tierra, pero "la tierra quedó desolada y vacía". Esto revela que el problema no gira alrededor de los cielos sino de la tierra. Vemos entonces que la tierra es el centro de todos los problemas. Dios lucha por la tierra. El Señor Jesús nos enseñó a orar: "Santificado sea Tu nombre. Venga Tu reino. Hágase Tu voluntad, como en el cielo, así también en la *tierra*" (Mt. 6:9-10). En el idioma original, la expresión "como en los cielos, así también en la tierra" se refiere a las tres frases, y no solamente a la última. En otras palabras, el significado del texto original es lo siguiente: "Santificado sea Tu nombre, como en el cielo, así también en la tierra. Venga Tu reino, como en el cielo, así también en la tierra. Hágase Tu voluntad, como en el cielo, así también en la tierra". Esta oración revela que el problema no gira alrededor de los "cielos", sino de la "tierra". Dios habló a la serpiente después de la caída del hombre, diciendo: "Sobre tu pecho andarás, y polvo comerás todos los días de tu vida" (Gn. 3:14). Esto significa que la tierra sería la esfera de la serpiente, el lugar sobre el cual se arrastraría. La esfera de la obra de Satanás no es el cielo, sino la tierra. Si el reino de Dios ha de venir, entonces Satanás debe ser echado. Si la voluntad de Dios ha de cumplirse, debe cumplirse en la tierra. Si el nombre de Dios ha de ser santificado, debe ser santificado sobre la tierra. Todos los problemas están en la tierra.

Génesis contiene dos palabras muy significativas. La primera es "sojuzgar" en Génesis 1:28, que también se puede traducir "conquistar". La segunda palabra es "guardar" en Génesis 2:15. Estos versículos nos muestran que Dios predeterminó que el hombre conquistara y guardara la tierra. La intención original de Dios consistía en dar la tierra al hombre para que fuera el lugar donde éste moraría. Dios no tenía la intención de que la tierra se volviese desolada (Is. 45:18). Dios deseaba, por medio del hombre, impedir que Satanás entrara en la tierra, pero el problema era que Satanás ya estaba en la tierra e intentaba hacer una obra de destrucción sobre ella. Por consiguiente, Dios deseaba que el hombre le quitara a Satanás el dominio sobre la tierra.

Otro punto que debemos hacer notar es que, hablando con propiedad, Dios exigía que el hombre no sólo recuperara la tierra, sino también el cielo que está relacionado con la tierra. En las Escrituras, existe una diferencia entre "cielos" y "cielo". Los "cielos" son el lugar donde se encuentra el trono de Dios, donde Dios puede ejercer Su autoridad, mientras que en las Escrituras "cielo" se refiere a veces al cielo que está relacionado con la tierra. Este es el cielo que Dios también desea recobrar (véase Ap. 12:7-10).

Algunos preguntarán: "¿Por qué Dios mismo no echa a Satanás al abismo o al lago de fuego? Nuestra respuesta es la siguiente: Dios puede hacerlo, pero no quiere hacerlo El mismo. No sabemos por qué no lo quiere hacer El mismo, pero sí sabemos cómo lo va a hacer. Dios desea usar al hombre para vencer a Su enemigo, y creó al hombre con este propósito. Dios quiere que la criatura se enfrente con la criatura. El desea que una de Sus criaturas, el hombre, sea quien sojuzgue otra de Sus criaturas, a Satanás, para que la tierra vuelva a estar bajo el dominio de Dios. Dios usa al hombre que creó para este propósito.

Leamos nuevamente Génesis 1:26: "Hagamos al hombre a nuestra imagen, conforme a nuestra semejanza; y señoree en los peces del mar, en las aves de los cielos, en las bestias, en toda la tierra...". Aparentemente la frase se acaba aquí, pero sigue otra frase: "...y en todo animal que se arrastra sobre la tierra". Aquí vemos que los animales que se arrastran ocupan una posición muy elevada, porque Dios habló de esto después de mencionar "toda la tierra". Esto implica que si vamos a tener dominio de toda la tierra, no debemos olvidar los animales que se arrastran, porque el enemigo de Dios está corporificado en los animales que se arrastran. La serpiente que vemos en Génesis 3 y los escorpiones hallados en Lucas 19 son animales que se arrastran. No vemos solamente la serpiente, que representa a Satanás, sino también los escorpiones, que representan a los espíritus malignos, llenos de pecados e inmundicia. La esfera de la serpiente y del escorpión es esta tierra. El problema reside en la tierra. Por consiguiente, debemos distinguir entre la obra de salvar almas y la obra de Dios. A menudo, la obra de salvar almas no es necesariamente la obra de Dios. Salvar almas soluciona el problema del hombre, pero la obra de Dios exige que el hombre ejerza autoridad para tener dominio sobre todas las cosas que Dios creó. Dios necesitaba una autoridad en Su creación, El escogió al hombre para que fuera esta autoridad. Si estuviésemos aquí únicamente para nosotros mismos como simples hombres, entonces toda nuestra búsqueda y anhelo consistirían en amar más al Señor y en ser más santos, tener más celos para el Señor, y salvar más almas. Ciertamente todas estas metas son buenas, pero están centradas en el hombre. Estas cosas tienen que ver simplemente con el beneficio del hombre; se descuidan completamente la obra de Dios y Sus necesidades. Debemos ver que Dios tiene Sus necesidades. Estamos en esta tierra no solamente por las necesidades del hombre, sino aún más por las necesidades de Dios. Le damos gracias a Dios que El nos encargó el ministerio de reconciliación, pero aun cuando hayamos salvado todas las almas de todo el mundo, no hemos cumplido la obra de Dios ni satisfecho los requisitos de Dios. Aquí vemos algo que se llama la obra de Dios, las necesidades de Dios. Cuando Dios creó al hombre, habló de lo que El necesitaba. El reveló Su necesidad: que el hombre reinara y tuviese dominio sobre toda Su creación y proclamara Su triunfo. Gobernar para Dios no es poca cosa; es algo muy crucial. Dios necesita hombres fieles en los cuales pueda confiar y quienes no le fallen. En esto consiste la obra de Dios, y esto es lo que Dios desea conseguir.

No tomamos a la ligera la obra de predicar el evangelio; pero si todo nuestro trabajo se limita a predicar el evangelio y salvar almas, no estamos obrando para destruir a Satanás. Si el hombre no ha recuperado la tierra de la mano de Satanás, no ha cumplido todavía el propósito por el cual Dios lo creó. A menudo el salvar almas sirve únicamente para el bienestar del hombre, pero vencer a Satanás sirve para el beneficio de Dios. Salvar almas soluciona las necesidades del hombre, pero vencer a Satanás satisface la necesidad de Dios.

Hermanos y hermanas, esto nos exige pagar un precio. Sabemos cómo los demonios pueden hablar. Un demonio dijo una vez: "A Jesús conozco, y sé quién es Pablo; pero vosotros, ¿quiénes sois?" (Hch. 19:15). Cuando un demonio nos ve, ¿huirá o no? Predicar el evangelio exige que paguemos un precio, pero vencer a Satanás requiere que paguemos un precio mucho más alto. Este no es un asunto de dar un mensaje o una enseñanza. Esto requiere que lo practiquemos, y el precio que nos toca pagar es sumamente alto. Si hemos de ser hombres que Dios usará para derribar toda la obra y la autoridad de Satanás, ¡debemos obedecer completa y absolutamente al Señor! Cuando se trata de cualquier otra obra, no importa tanto si nos preservamos un poco, pero cuando se trata de enfrentar a Satanás, debemos negarnos absolutamente a nosotros mismos. Es posible que no seamos tan estrictos o severos con nosotros mismos cuando estudiamos las Escrituras, cuando predicamos el evangelio, cuando ayudamos a la iglesia o a los hermanos, pero cuando confrontamos a Satanás, el ego debe ser completamente repudiado. Satanás no será despojado por nosotros si protegemos nuestro ego. Que Dios abra nuestros ojos para que veamos que Su propósito requiere que nos consagremos completa y absolutamente a El. Una persona de doble ánimo jamás podrá vencer a Satanás. Que Dios nos hable al respecto en nuestros corazones.

## EL PROPOSITO INMUTABLE DE DIOS

Dios quería que el hombre gobernara para El en la tierra, pero el hombre no alcanzó el propósito de Dios. En Génesis 3 se narran la caída del hombre y la entrada del pecado; el hombre vino a estar bajo el poder de Satanás, y todo parecía llegar a su final. Aparentemente, Satanás salía victorioso y Dios era vencido. Aparte del pasaje en Génesis 1, hay dos porciones de las Escrituras que están relacionadas con este problema: el salmo 8 y Hebreos 2.

### Salmo 8

El salmo 8 muestra que el propósito y el plan de Dios no han cambiado nunca. Después de la caída, la voluntad y los requisitos de Dios en cuanto al hombre permanecieron iguales sin ninguna alteración. Su voluntad en Génesis 1, cuando creó al hombre, sigue vigente, aunque el hombre pecó y cayó. A pesar de que el salmo 8 fue escrito después de la caída del hombre, el salmista pudo alabar, pues sus ojos seguían puestos en Génesis 1. El Espíritu Santo no olvidó Génesis 1, el Hijo no olvidó Génesis 1, ni siquiera Dios mismo olvidó Génesis 1. Veamos el contenido de este salmo. El versículo 1 dice: "¡Oh Jehová, Señor nuestro, cuán admirable es tu nombre en toda la tierra!" (heb.). Todos los que son inspirados por el Espíritu Santo pronunciarán estas palabras: "¡Cuán admirable es tu nombre en toda la tierra!" Aunque algunas personas calumnian y rechazan el nombre del Señor, el salmista proclama en voz alta: "Oh Jehová, Señor nuestro, cuán admirable es tu nombre en toda la tierra". El no dijo: "Tu nombre es muy admirable". "Muy admirable" no tiene el mismo significado que "cuán admirable". "Muy admirable" significa que yo, el salmista, puedo todavía describir la excelencia, mientras que "¡cuán admirable!" significa que a pesar de escribir salmos, yo no tengo las palabras para expresar, ni sé cuán admirable es el nombre del Señor. Por lo tanto, sólo puedo decir: "¡Oh Jehová, Señor nuestro, cuán admirable es tu nombre en toda la tierra!" No sólo es Su nombre admirable, sino que también es admirable "en toda la tierra!" La expresión "en toda la tierra" es la misma que en Génesis 1:26. Si conocemos el plan de Dios, cada vez que leamos la palabra "hombre" o la palabra "tierra", nuestros corazones deben saltar dentro de nosotros.

El versículo 2 continúa: "De la boca de los niños y de los que maman, fundaste la fortaleza, a causa de tus enemigos, para hacer callar al enemigo y al vengativo". *Los niños y los que maman* se refieren al hombre, y el énfasis se pone al hecho de que Dios está usando al hombre para vencer al enemigo. El Señor Jesús citó este versículo en Mateo 21:16: "De la boca de los pequeños y de los que maman perfeccionaste la alabanza". Estas palabras significan que el enemigo puede hacer todo lo que pueda, pero aún así no es necesario que Dios se enfrente con él. Dios usará niños y los que maman para vencerlo. ¿Qué pueden hacer los niños y los que maman? Dice:

"De la boca de los niños y de los que maman, fundaste la fortaleza". El deseo de Dios consiste en conseguir hombres capaces de alabar; los que pueden alabar son los que pueden vencer al enemigo.

En los versículos del 3 al 8 el salmista dice: "Cuando veo tus cielos, obra de tus dedos, la luna y las estrellas que tú formaste, digo: ¿Qué es el hombre, para que tengas de él memoria, y el hijo del hombre, para que lo visites? Le has hecho poco menor que los ángeles, y lo coronaste de gloria y de honra. Le hiciste señorear sobre las obras de tus manos; todo lo pusiste debajo de sus pies: ovejas y bueyes, todo ello, y asimismo las bestias del campo, las aves de los cielos y los peces del mar; todo cuanto pasa por los senderos del mar". Si hubiésemos escrito este salmo, tal vez habríamos añadido un paréntesis aquí: "¡Cuán lamentable es este hombre que cayó, pecó y fue echado del huerto de Edén! El hombre ya no puede alcanzar ese nivel". Pero damos gracias a Dios porque el corazón del salmista no contenía este pensamiento. En cuanto a Dios, la tierra todavía puede ser restaurada, la posición que Dios dio al hombre sigue vigente, y permanece todavía la comisión que El dio al hombre, es decir, la de destruir la obra del diablo. Por consiguiente, a partir del tercer versículo, el salmista vuelve a narrar la misma historia antigua, pasando por alto el tercer capítulo de Génesis. Esto es el rasgo extraordinario del salmo 8. El propósito que Dios tiene para el hombre es que éste tenga dominio. ¿Es el hombre digno? ¡Seguro que no lo es! Sin embargo, puesto que Dios desea que el hombre rija, ciertamente el hombre lo hará.

En el versículo 9 el salmista dice nuevamente: "¡Oh Jehová, Señor nuestro, cuán admirable es tu nombre en toda la tierra! (heb.)" El sigue alabando, como si no estuviera consciente de la caída del hombre. Aunque Adán y Eva habían pecado, no pudieron parar el plan de Dios. El hombre puede caer y pecar, pero no puede desbaratar la voluntad de Dios. Aun después de la caída del hombre, la voluntad de Dios con respecto al hombre siguió siendo la misma. Dios todavía exige que el hombre derribe el poder de Satanás. ¡Oh, cuán inmutable es Dios! Su camino es inquebrantable y sumamente recto. Debemos comprender que Dios jamás podrá ser derrocado. En este mundo algunos pasan por duras dificultades, pero nadie es atacado a diario y con golpes duros como lo es Dios. No obstante, Su voluntad jamás fue derribada. Lo que Dios era antes de la caída del hombre, El lo sigue siendo después de la caída del hombre y de la entrada del pecado en el mundo. La decisión que El tomó al principio sigue siendo Su decisión hoy en día. El no ha cambiado nunca.

## Hebreos 2

Génesis 1 habla de la voluntad de Dios en la creación; el salmo 8, de la voluntad de Dios después de la caída del hombre; y Hebreos 2, de la voluntad de Dios en la redención. Consideremos Hebreos 2. Veremos que en la victoria de la redención, Dios sigue deseando que el hombre consiga autoridad y venza a Satanás.

En los versículos del 5 al 8a el escritor dice: "Porque no sujetó a los ángeles el mundo venidero, acerca del cual estamos hablando; pero alguien dio solemne testimonio en cierto lugar, diciendo: '¿Qué es el hombre, para que te acuerdes de él, o el hijo del hombre, para que de él te preocupes?' Le hiciste un poco inferior a los ángeles, le coronaste de gloria y de honra, y le pusiste sobre las obras de Tus manos; todo lo sujetaste bajo Sus pies [citado del salmo 8]. Porque en cuanto le sujetó todas las cosas, nada dejó que no sea sujeto a El". Todo debe ser sujeto al hombre; Dios lo propuso desde el principio.

Pero todavía no ha resultado así. El escritor continúa: "Pero todavía no vemos que todas las cosas le sean sujetas. Pero vemos a Jesús, coronado de gloria y de honra, quien fue hecho un poco inferior a los ángeles para padecer la muerte" (vs. 8b-9a). Jesús es la persona que corresponde a esta situación. El salmo 8 decía que Dios hizo al hombre un poco inferior a los ángeles, pero el apóstol Pablo cambió la palabra "hombre" en "Jesús". El explicó que la palabra "hombre" alude a Jesús; Jesús fue hecho un poco inferior a los ángeles. La redención del hombre viene por El. Originalmente Dios planeó que el hombre debería ser un poco inferior a los ángeles y que el hombre debería ser coronado y gobernar sobre toda la creación. El quería que el hombre ejerciera la autoridad por El para echar a Su enemigo de la tierra y del cielo relacionado con la tierra. El quería que el hombre destruyera todo el poder de Satanás. Pero el hombre cayó y no tomó su lugar para gobernar. Por consiguiente, el Señor Jesús vino y tomó sobre Sí un cuerpo de carne y sangre. El se hizo "el postrer Adán" (1 Co. 15:45).

La última parte del versículo 9 dice: "A fin de que por la gracia de Dios gustase la muerte por todas las cosas". El nacimiento del Señor Jesús, Su vivir humano, así como Su redención nos muestran que Su obra redentora no está destinada solamente al hombre, sino a todas las cosas creadas. Se incluye toda la creación (excepto los ángeles). El Señor Jesús tuvo dos posiciones: para Dios El era el hombre del principio, el hombre que Dios designó desde el principio mismo, y para el hombre es el Salvador. Al principio, Dios mandó que el hombre tuviese dominio y venciera a Satanás. ¡El Señor Jesús es ese hombre, y ese hombre está entronizado ahora! ¡Aleluya! Este hombre ha vencido el poder de Satanás. El es el hombre que Dios busca y que desea obtener. En Su otro aspecto, El es un hombre relacionado con nosotros; El es nuestro Salvador, Aquel que ha solucionado el problema del pecado por nosotros. Pecamos y caímos, y Dios lo hizo propiciación por nosotros. Además, El no es solamente nuestra propiciación, sino que también fue juzgado en lugar de todas las criaturas. Esto queda demostrado con la rasgadura del velo en el lugar santo. Hebreos 10 nos muestra que el velo en el lugar santo representaba el cuerpo del Señor Jesús. Sobre el velo unos querubines estaban bordados, los cuales representan las cosas creadas. Cuando el Señor murió, el velo fue rasgado en dos de arriba hacia abajo; como resultado, los querubines que estaban bordados sobre el velo fueron partidos simultáneamente. Esto revela que la muerte del Señor Jesús incluía el juicio sobre todas las criaturas. El no solo probó la muerte por todos los hombres, sino también por "todas las cosas".

Seguimos con el versículo 10: "Porque convenía a Aquel para quien y por quien son todas las cosas, que al llevar muchos hijos a la gloria..." Todas las cosas son para El y por medio de El; todas las cosas son destinadas a El y por medio de El. Ser para El significa ser destinado a El; ser por medio de

El significa ser por El. ¡Alabado sea Dios, El no ha cambiado Su propósito en la creación! Lo que Dios determinó en la creación sigue siendo Su propósito después de la caída del hombre. En la redención, Su propósito permanece igual. Dios no cambió Su propósito por causa de la caída del hombre. ¡Alabado sea Dios, El está introduciendo a muchos hijos en la gloria! El está glorificando muchos hijos. Dios se propuso ganar un grupo de hombres nuevos que tuviesen la imagen y semejanza de Su Hijo. Puesto que el Señor Jesús representa al hombre, el resto será semejante a lo que El es, y entrarán con El en la gloria.

¿Cómo se va a cumplir eso? El versículo 11 dice: "Porque todos, así el que santifica como los que son santificados, de uno son". ¿Quién es el que santifica? Es el Señor Jesús. ¿Quiénes son los que son santificados? Somos nosotros. Podemos leer el versículo de esta manera: "Porque todos, así Jesús que santifica como nosotros los que somos santificados, de uno somos". El Señor Jesús y nosotros somos engendrados del mismo Padre; todos tenemos nuestro origen en la misma fuente y tenemos la misma vida. Tenemos el mismo Espíritu que mora en nosotros y el mismo Dios, quien es nuestro Señor y nuestro Padre. "Por lo cual no se avergüenza en llamarlos hermanos". El sujeto del verbo "avergonzarse" es nuestro Señor Jesús, y "los" al final del verbo "llamar" se refiere a nosotros. "El no se avergüenza en llamarlos hermanos" porque El es del Padre y nosotros también somos del Padre.

Somos los muchos hijos de Dios, lo cual dará por resultado final el hecho de que seremos introducidos por Dios en la gloria. La redención no cambió el propósito de Dios; por el contrario, cumplió el propósito que no se llevó a cabo en la creación. El propósito original de Dios consistía en que el hombre tuviese dominio, especialmente sobre la tierra, pero lamentablemente el hombre fracasó. No obstante, no se acabó todo con el fracaso del primer hombre. Lo que Dios no logró con el primer hombre, Adán, lo conseguirá con el segundo hombre, Cristo. El nacimiento de suma importancia tuvo lugar en Belén porque Dios mandó que el hombre tuviera dominio y restaurara la tierra y porque Dios determinó que la criatura, el hombre, destruiría a la criatura Satanás. Esta es la razón por la cual el Señor Jesús vino y se hizo hombre. Lo hizo a propósito, y se hizo un verdadero hombre. El primer hombre no cumplió el propósito de Dios; por el contrario, pecó y cayó. No solamente faltó en su comisión de restaurar la tierra, sino que fue capturado por Satanás. El no sólo faltó en su encargo de gobernar, sino que fue sometido bajo el poder de Satanás. Génesis 2 dice que el hombre fue hecho de polvo, y Génesis 3 indica que el polvo fue el alimento de la serpiente. Esto significa que el hombre caído se convirtió en el alimento de Satanás. El hombre ya no podía vencer a Satanás; estaba acabado. ¿Qué se podía hacer? ¿Significa eso que Dios nunca podría cumplir Su propósito eterno, que El no podría lograr lo que buscaba? ¿Significa eso que Dios jamás podría restaurar la tierra? ¡No! El mandó a Su Hijo para que se hiciera hombre. El Señor Jesús es verdaderamente Dios, pero El también es un verdadero hombre.

En todo el mundo, existe por lo menos un hombre que escoge a Dios, una persona que puede decir: "Viene el príncipe de este mundo, y él nada tiene en Mí" (Jn. 14:30). En otras palabras, en el Señor Jesús no existe nada del príncipe de este mundo. Debemos observar con mucho cuidado que el Señor Jesús no vino a este mundo para ser Dios sino para ser hombre. Dios necesitaba un hombre. Si Dios mismo se hubiera enfrentado a Satanás, habría sido muy fácil; Satanás caería en un instante. Pero Dios no lo quería hacer El mismo. El quería que el hombre se enfrentara a Satanás; El deseaba que la criatura venciera a la criatura. Cuando el Señor Jesús se hizo hombre, El conoció la tentación como hombre y pasó por todas las experiencias humanas. Este hombre conquistó; este hombre fue victorioso. El ascendió al cielo y se sentó a la diestra de Dios. Jesús "fue coronado de gloria y de honra" (He. 2:9). El fue glorificado.

El no vino para recibir la gloria como Dios, sino para obtener gloria como hombre. No decimos que El no tenía la gloria de Dios, pero Hebreos 2 no se refiere a la gloria que El poseía como Dios. Se refiere a Jesús, quien fue hecho un poco inferior a los ángeles para padecer la muerte; Jesús fue coronado de gloria y de honra. Nuestro Señor ascendió como hombre. Ahora está en los cielos como hombre. Un hombre está a la diestra de Dios. En el futuro habrá muchos hombres allí. Hoy en día un hombre está sentado sobre el trono. Un día habrá muchos hombres sentados sobre el trono. Esto se cumplirá ciertamente.

Cuando el Señor Jesús fue resucitado, El impartió Su vida en nosotros. Cuando creemos en El, recibimos Su vida. Todos somos hechos hijos de Dios, y como tales, todos pertenecemos a Dios. Por tener esta vida dentro de nosotros, podemos como hombres recibir de Dios el encargo de llevar a cabo Su propósito. Por consiguiente, se dice que El introducirá a muchos hijos en la gloria. Tener dominio equivale a ser glorificado, y ser glorificado equivale a tener dominio. Cuando los muchos hijos obtengan autoridad y restauren la tierra, entonces serán introducidos triunfalmente en la gloria.

Nunca debemos suponer que el propósito de Dios consiste simplemente en salvarnos del infierno para que disfrutemos de las bendiciones de los cielos. Debemos recordar que Dios desea que el hombre siga a Su Hijo en el ejercicio de Su autoridad en la tierra. Dios quiere cumplir algo, pero El no lo hará por Sí mismo; El desea que nosotros lo hagamos. Cuando lo hagamos, entonces Dios habrá cumplido Su propósito. Dios desea obtener un grupo de hombres que haga Su obra aquí en la tierra, a fin de que Dios tenga dominio sobre la tierra por medio del hombre.

## LA RELACION ENTRE LA REDENCION Y LA CREACION

Debemos fijarnos bien en la relación entre la redención y la creación. No deberíamos pensar que la Biblia no habla de nada más que la redención. Damos gracias a Dios porque además de la redención tenemos también la creación. El deseo del corazón de Dios es expresado en la creación. La meta de Dios, Su plan, y Su voluntad predeterminada se dieron a conocer en Su creación. La creación revela el propósito eterno de Dios; nos muestra lo que Dios quiere realmente.

La redención no puede ocupar un lugar más elevado que el de la creación. ¿Qué es la redención? La redención recobra lo que Dios no consiguió por medio de la creación. La redención no nos trae nada nuevo; sólo nos restaura lo que ya es nuestro. Mediante la redención Dios cumple Su propósito en la creación.

Redimir significa restaurar y recobrar; crear significa determinar e iniciar. La redención es algo que viene después, para que se cumpla el propósito de Dios en la creación. ¡Oh, que los hijos del Señor no menosprecien la creación, pensando que la redención lo es todo! La redención está relacionada con nosotros; nos beneficia al salvarnos y al traernos vida eterna. Pero la creación está relacionada con Dios y con la obra de Dios. Nuestra relación con la redención beneficia al hombre, mientras que nuestra relación con la creación beneficia la economía de Dios. Que Dios haga algo nuevo en esta tierra, para que el hombre no dé énfasis solamente al evangelio, sino que vaya más allá y se ocupe de la obra de Dios, de los asuntos de Dios, y del plan de Dios. De hecho, nuestra predicación del evangelio debería llevarse a cabo con miras a devolver la tierra a Dios. Debemos exhibir el triunfo de Cristo sobre el reino de Satanás. Si no fuéramos cristianos, ya sería otro asunto. Pero cuando llegamos a ser cristianos, no debemos recibir solamente el beneficio de la redención, sino cumplir también el propósito de Dios en la creación. Sin redención, jamás podríamos relacionarnos con Dios. Pero una vez salvos, debemos ofrecernos a Dios para que se logre la meta por la cual El creó al hombre. Si sólo prestamos atención al evangelio, perdemos la mitad de la meta. Dios requiere la otra mitad: que el hombre tenga dominio sobre la tierra para El y no permita que Satanás quede más tiempo aquí. Esta mitad se requiere también de la iglesia. Hebreos 2 nos muestra que la redención no solamente sirve para perdonar los pecados a fin de que el hombre pueda ser salvo, sino también para restaurar al hombre y volverlo al propósito de la creación.

Podemos comparar la redención al valle que está entre dos cumbres. Mientras uno desciende de una cumbre y se prepara para subir a la otra, encuentra la redención en la parte menos elevada del valle. Redimir significa simplemente impedir que el hombre caiga más, y significa también elevarlo. Por una parte, la voluntad de Dios es eterna y recta, sin ninguna bajada, a fin de que se cumpla el propósito de la creación. Por otra parte, sucedió algo. El hombre cayó, y se apartó de Dios. La distancia entre él y el propósito eterno de Dios se ha alejado cada vez más. La voluntad de Dios desde la eternidad hasta la eternidad es una línea recta, pero desde la caída del hombre, éste no ha podido alcanzarla. Damos gracias a Dios, porque existe un remedio llamado redención. Cuando llegó la redención, el hombre no necesitaba bajar más. Después de la redención, el hombre es cambiado y empieza a subir. Mientras siga subiendo el hombre, un día volverá a tocar la única línea recta. Cuando alcance esta línea, vendrá el día del reino. Agradecemos a Dios por la redención que tenemos. Fuera de ella nos hundiríamos cada vez más; Satanás no dejaría de oprimirnos hasta que no pudiésemos levantarnos. Alabado sea Dios, la redención nos hizo volver al propósito eterno de Dios. Lo que Dios no consiguió en la creación y lo que el hombre perdió en la caída son completamente recuperados en la redención.

Debemos pedir a Dios que nos abra los ojos para que veamos lo que El ha hecho a fin de que en nuestro vivir y en nuestra obra haya un verdadero cambio. Si toda nuestra obra consiste en salvar a otros, seguiremos siendo fracasos, y no podremos satisfacer el corazón de Dios. Tanto la redención como la creación sirven para obtener la gloria y derrocar todo el poder del diablo. Proclamemos el amor de Dios y la autoridad de Dios mientras vemos el pecado y la caída del hombre. Pero al mismo tiempo, debemos ejercer la autoridad espiritual para derrocar el poder del diablo. La comisión de la iglesia es doble: testificar de la salvación de Cristo y testificar de Su triunfo. Por una parte, el propósito de la iglesia consiste en traerle beneficios al hombre, y por otra parte, consiste en hacer que Satanás sufra pérdida.

## EL DESCANSO DE DIOS

Entre los seis días de la obra creadora de Dios, la creación del hombre fue distinta. Dios realizó toda Su obra durante los seis días con este propósito. Su verdadera meta era crear al hombre, y para hacerlo, Dios primeramente tenía que recuperar la tierra y los cielos arruinados. (Génesis 2:4 dice: "Estos son los orígenes de los cielos y de la tierra cuando fueron creados, el día que Jehová Dios hizo la tierra y los cielos". La expresión "los cielos y la tierra" alude a la creación en el principio, pues en aquel tiempo los cielos fueron los primeros en

ser formados y luego la tierra. Pero la segunda parte: "el día
que Jehová Dios hizo la tierra y los cielos" se refiere a Su obra
de recuperación y restauración, puesto que en esta obra primero se ocupó de la tierra y luego del cielo.) Después de restaurar la tierra y el cielo arruinados, Dios creó al hombre que
deseaba. Después del sexto día, vino el séptimo día; en aquel
día Dios descansó de todo Su trabajo.

El descanso viene después del trabajo; el trabajo tiene que
venir primero, y luego puede seguir el descanso. Además, el
trabajo debe ser terminado de manera completa y satisfactoria antes de que pueda haber un descanso. Si el trabajo no es
terminado de esta manera, nunca podrá haber descanso para
la mente o para el corazón. Por consiguiente, no debemos
tomar a la ligera el hecho de que Dios descansó después de
seis días de creación. El hecho de que Dios descanse es algo
importante. Era necesario que El ganara cierto objetivo antes
de poder descansar. ¡Cuán grande debe ser el poder que incitó
al Creador Dios a descansar! Se necesita la mayor fuerza para
incitar a Dios, quien planea tanto y quien está tan lleno de
vida, a descansar.

Génesis 2 nos muestra que Dios descansó en el séptimo
día. ¿Cómo Dios pudo descansar? El final de Génesis 1 relata
que eso sucedió porque "vio Dios todo lo que había hecho, y he
aquí que era bueno en gran manera" (v. 31).

Dios descansó el séptimo día. Antes del séptimo día, tenía
cosas que hacer, y antes de Su trabajo, tenía un propósito.
Romanos 11 menciona la mente del Señor y Sus juicios y
caminos. Efesios 1 habla del misterio de Su voluntad, Su
beneplácito y Su propósito predeterminado. Efesios 3 también
habla de Su propósito predeterminado. Con estas escrituras
deducimos que Dios no es solamente un Dios que obra, sino
un Dios que se propone y planea. Cuando El se deleitaba en
trabajar, se puso a trabajar; El trabajó porque deseaba trabajar. Cuando El tuvo satisfacción en Su trabajo, descansó. Si
deseamos conocer la voluntad de Dios, Su plan, Su beneplácito y Su propósito, todo lo que necesitamos hacer es mirar lo
que le hizo descansar. Si vemos que Dios descansa en cierta
cosa, entonces podemos saber que se trata de algo que El
estaba buscando originalmente. El hombre tampoco puede

descansar en algo que no lo satisface; él debe conseguir lo que busca y entonces tendrá descanso. No debemos considerar este descanso a la ligera, pues su significado es muy importante. Dios no reposó durante los primeros seis días, pero sí lo hizo el séptimo día. Su reposo revela que Dios realizó el deseo de Su corazón. El hizo algo que le complacía. Por consiguiente, El pudo descansar.

Debemos considerar la expresión "he aquí" en Génesis 1:31. ¿Cuál es su significado? Cuando compramos algo que nos satisface particularmente, lo miramos en todos los ángulos. Esto queda implícito en la expresión "he aquí". Dios no echó un vistazo a todo lo que había hecho y vio que era bueno. Por el contrario, El contempló todo lo que había hecho y vio que era muy bueno. Debemos considerar que Dios estaba allí en la creación mirando lo que El había hecho. La palabra "reposó" declara que Dios estaba satisfecho, que Dios se deleitaba en lo que había hecho; proclama que el propósito de Dios fue alcanzado y Su beneplácito fue cumplido a lo sumo. Su obra fue perfeccionada hasta el punto de no poder mejorar.

Esta es la razón por la cual Dios mandó que los israelitas observaran el sábado en todas sus generaciones. Dios buscaba algo. Dios buscaba algo que lo satisficiera, y lo logró; por lo tanto, descansó. Este es el significado del sábado. No tiene que ver con comprar menos o de caminar pocas millas. El sábado nos dice que Dios tenía un deseo en Su corazón, un requisito que al llenarse le satisfacería, y que una obra había de realizarse para que se cumpliera el deseo de Su corazón y Su requisito. Puesto que Dios logró lo que quería, tiene Su reposo. No se trata de un día específico. El sábado nos dice que Dios ha cumplido Su plan, alcanzado Su meta, y satisfecho Su corazón. Dios es aquel que exige satisfacción y es también aquel que puede ser satisfecho. Después de tener lo que desea, Dios descansa.

¿Qué, pues, trajo reposo a Dios? ¿Qué es lo que le dio tanta satisfacción? Durante los seis días de la creación, había luz, aire, pasto, hierbas y árboles; estaban el sol, la luna y las estrellas, los peces, pájaros, ganado, animales que se arrastran y bestias. Pero en todas estas cosas, Dios no encontró reposo. Finalmente, allí estaba el hombre, y Dios reposó de toda Su obra. Toda la creación antes del hombre era algo preparatorio. Todo el anhelo de Dios se centraba en el hombre. Cuando Dios ganó a un hombre, estuvo satisfecho y descansó. Leamos nuevamente Génesis 1:27-28: "Y creó Dios al hombre a su imagen, a imagen de Dios lo creó; varón y hembra los creó. Y los bendijo Dios, y les dijo: fructificad y multiplicaos; llenad la tierra, y sojuzgadla, y señoread en los peces del mar, en las aves de los cielos, y en todas las bestias que se mueven sobre la tierra". Leamos ahora Génesis 1:31 con Génesis 2:3 "Y vio Dios todo lo que había hecho, y he aquí que era bueno en gran manera... Y bendijo Dios al día séptimo, y lo santificó, porque en él reposó de toda la obra que había hecho en la creación". Dios tenía un propósito, y este propósito consistía en ganar a un hombre, un hombre con autoridad para gobernar la tierra. La realización de este propósito era lo único que podía satisfacer el corazón de Dios. Si se lograba eso, todo estaría bien. En el sexto día, se cumplió el propósito de Dios. "Y vio Dios todo lo que había hecho, y he aquí que era bueno en gran manera ... y ... el séptimo día reposó de toda la obra que había hecho". El propósito y el anhelo de Dios fueron logrados; El podía parar y descansar. El descanso de Dios se basó en este hombre que tomaría dominio.

## CAPITULO DOS

## LO QUE EVA TIPIFICA

En la obra de la creación, fueron creadas dos personas: la primera fue Adán y la otra, Eva. Ambas eran seres humanos creados, pero cada una tipifica algo diferente. En 1 Corintios 15 se afirma que Adán tipificaba al Señor Jesús, y Romanos 5 dice que Adán era la figura del hombre que había de venir. Entonces, Adán prefiguraba a Cristo; él representaba a Cristo en figura. En otras palabras, todo lo que Dios se propuso en Adán había de cumplirse en Cristo.

Pero en la creación, aparte de Adán, también estaba Eva, la mujer. Con esmero Dios dejó constancia en Génesis 2 de la creación de esta mujer, y cuando llegamos a Efesios 5, vemos claramente que Eva tipifica a la iglesia. Por consiguiente, podemos ver que el propósito eterno de Dios se cumple parcialmente por medio de Cristo y parcialmente por medio de la iglesia. Si queremos entender cómo la iglesia puede cumplir el propósito de Dios en la tierra, debemos aprender de Eva. El propósito de este libro no consiste en explicar el tipo de Adán. Por lo tanto, no consideraremos este asunto aquí; por el contrario, el énfasis está sobre Eva. No estamos centrando nuestros pensamientos en la obra de Cristo, sino en la posición que ocupa la iglesia en relación con esta obra.

Cuando leemos Génesis 2:18-24 y Efesios 5:22-32 descubrimos que una mujer es mencionada en ambas partes. En Génesis 2 vemos una mujer, y Efesios 5 presenta también una mujer. La primera mujer es una señal que tipifica a la iglesia; la segunda mujer es la primera mujer. La primera mujer fue planeada por Dios antes de la fundación del mundo y apareció antes de la caída. La segunda mujer también fue planeada antes de la fundación del mundo, pero fue revelada después de la caída. Aunque una apareció antes de la caída y la otra después, no existe ninguna diferencia a los ojos de Dios: la iglesia es la Eva de Génesis 2. Dios creó a Adán para que tipificara a Cristo; Dios también creó a Eva para que tipificara a la iglesia. El propósito de Dios no es cumplido solamente por Cristo, sino también por la iglesia. En Génesis 2:18, Jehová Dios dijo: "No es bueno que el hombre esté solo; le haré ayuda idónea". El propósito de Dios al crear la iglesia es éste: que ella sea la ayuda idónea de Cristo. Cristo en Sí mismo es solamente una mitad; debe de haber otra mitad, la cual es la iglesia. Dios dijo: "No es bueno que el hombre esté solo". Esto significa que a los ojos de Dios Cristo solo no es suficiente. Génesis 2:18-24 reitera los acontecimientos del sexto día de la creación. En el sexto día, Dios creó a Adán, pero después, parece que reflexionó y dijo: "No es bueno que el hombre esté solo". Por consiguiente, creó a Eva para Adán. Para aquel entonces, todo estaba terminado, y vemos que Génesis 1 acaba con este relato: "Y vio Dios todo lo que había hecho, y he aquí que era bueno en gran manera" (v. 31). Con eso vemos que tener únicamente a Adán, o podríamos decir, tener únicamente a Cristo, no es suficiente para satisfacer el corazón de Dios. Para Dios, se necesita también Eva, es decir, se necesita también la iglesia. Entonces Su corazón quedará satisfecho.

Jehová Dios dijo: "No es bueno que el hombre esté solo". En otras palabras, Dios deseaba tener a Adán *y también a Eva*. Su propósito consiste en tener a un Cristo victorioso y una iglesia victoriosa, un Cristo que venció la obra del diablo y una iglesia que ha vencido la obra del diablo. Este es Su propósito: hacer que Cristo gobierne y que la iglesia gobierne. Esto es lo que Dios planeó para Su propio placer, y El lo ha hecho para Su propia satisfacción. Esto se realizó porque Dios lo deseaba. Dios deseaba tener a Cristo, y Dios también deseaba tener una iglesia que fuese exactamente como Cristo. Dios no deseaba solamente que Cristo tuviese dominio, sino que El quiere también que la iglesia tenga dominio. Dios permite que el diablo esté sobre la tierra porque dijo: "Que ellos", Cristo y la iglesia, "tengan dominio". Dios propuso que la iglesia, como complemento de Cristo, participara en la victoria sobre Satanás. Si la iglesia no corresponde a Cristo, no se cumplirá el propósito de Dios. En la batalla, Cristo necesita una ayuda idónea, y aún en gloria, también necesita una ayuda idónea. Dios exige que la iglesia sea la misma que Cristo en cada aspecto. Dios desea que Cristo tenga una ayuda idónea.

### EVA SALIO DE ADAN

Adán necesitaba una ayuda idónea. ¿Qué hizo Dios para satisfacer esta necesidad? Génesis 2:19-20 dice: "Jehová Dios formó, pues, de la tierra toda bestia del campo, y toda ave de los cielos, y las trajo a Adán para que viese cómo las había de llamar; y todo lo que Adán llamó a los animales vivientes, ése es su nombre. Y puso Adán nombre a toda bestia y ave de los cielos y a todo ganado del campo; mas para Adán no se halló ayuda idónea para él".

Entonces "Jehová Dios hizo caer sueño profundo sobre Adán, y mientras éste dormía, tomó una de sus costillas, y cerró la carne en su lugar. Y de la costilla que Jehová Dios tomó del hombre, hizo una mujer, y la trajo al hombre. Dijo entonces Adán: Esto es ahora hueso de mis huesos y carne de mi carne; ésta será llamada Varona, porque del varón fue tomada" (vs. 21-23). Esta era la ayuda idónea de Adán y la figura de la iglesia en Efesios 5. La Biblia enseña claramente que todas las cosas hechas de la tierra pero no sacadas del cuerpo de Adán no podían ser su ayuda idónea. Todas las bestias del campo, o sea el ganado, y las aves de los cielos fueron hechas de la tierra. No fueron tomadas de Adán; por consiguiente, no podían ser la ayuda idónea de Adán. Debemos recordar que Eva fue formada de la costilla de Adán; por tanto, Eva era el constituyente de Adán. Esto significa que la iglesia procede de Cristo. Lo que sale de Cristo es lo único que puede constituir la iglesia. Todo lo que no es de Cristo no puede ser la iglesia.

Debemos considerar unas palabras más en Génesis 1:26 y 27. El versículo 26 dice: "Entonces dijo Dios: Hagamos al hombre a nuestra imagen, conforme a nuestra semejanza; y ellos..." (heb.) En el idioma hebreo, la palabra traducida "hombre" es singular, pero inmediatamente después viene el pronombre plural "ellos". Vemos el mismo caso en el versículo 27: "Y creó Dios al hombre a su imagen, a imagen de Dios lo creó; varón y hembra los creó". El sustantivo "hombre" es singular, pero el complemento que precede "creó" en la última cláusula es plural. ¡Dios creó un solo hombre; pero podemos decir también que El creó dos! Uno es dos, y no obstante, los dos son uno porque Eva estaba en Adán. Observe también que el versículo 27 dice: "Y creó Dios al hombre a Su imagen, a imagen de Dios lo creó; varón y hembra los creó". La manera en que Dios creó al "hombre" es idéntica a la manera en que El "los" creó. Adán no fue el único en ser creado; Eva estuvo incluida también en él. "Dios creó al *hombre* a su propia imagen". Este "hombre" es singular y tipifica a Cristo. "A la imagen de Dios *los* creó...". "Los" es plural y tipifica a Cristo y la iglesia. Dios no sólo desea un Hijo unigénito, sino que también quiere muchos hijos. Los muchos hijos deben ser idénticos a este Hijo único. En estos versículos, vemos que si la iglesia no está en una condición que corresponda con Cristo, Dios no descansará y Su obra no será terminada. Adán no es el único ser hecho a la imagen de Dios; Eva lo es también. No sólo Cristo tiene la vida de Dios, sino que también la iglesia la tiene.

### LA IGLESIA PROCEDE DE CRISTO

Entonces, deberíamos preguntar: "¿Qué es la iglesia?" La iglesia es esa parte que fue sacada de Cristo. Debemos ver los dos aspectos de Adán, y entonces nos resultará fácil entender. Por una parte, Adán es simplemente él mismo; por otra, él tipifica algo. En cuanto a Adán mismo, él fue hecho del barro. Todos los hombres naturales fueron hechos del barro, pero Adán también tipificaba a Cristo. El hecho de que Eva procedió de Adán significa que la iglesia es hecha con Cristo. Eva fue hecha con la costilla de Adán. Puesto que Eva salió de Adán, era todavía Adán. Entonces ¿qué es la iglesia? La iglesia es otra forma de Cristo, así como Eva era otra forma de Adán.

La iglesia es solamente Cristo. Oh, son muchas las personas que piensan que la iglesia es la congregación de la gente que cree en el Señor y que es salva. No, ¡eso no es cierto!

Entonces, ¿quién constituye la iglesia? La iglesia es solamente esa porción que fue sacada de Cristo. En otras palabras, es el hombre que Dios hizo usando a Cristo como material. No es un hombre hecho de barro. El material de la iglesia es Cristo. Sin Cristo, la iglesia no tendría ninguna posición, ninguna vida, ningún vivir, ni existencia. La iglesia procede de Cristo. En 1 Corintios 10:17 dice: "Siendo uno solo el pan, nosotros, con ser muchos, somos un Cuerpo". Este versículo significa que a pesar de que somos muchos, el pan que partimos es uno; por consiguiente, el Cuerpo también es uno. El apóstol Pablo afirmaba claramente que el único pan representa el Cuerpo de Cristo, es decir, toda la iglesia. Aunque somos muchos, el Cuerpo es uno. Cuando recordamos al Señor, yo tomo un pedacito de pan, usted toma otro pedacito de pan, y otros hacen lo mismo. Durante siglos y en todas partes del mundo, ¡todos los cristianos han tomado una pequeña porción de este pan y la han comido! Si usted tomara todos los pedazos que ellos comieron y los juntara, se convertirían en toda la iglesia. La iglesia no es un "yo" individual más un "usted" individual. No es el señor Smith más el señor Jones ni tampoco todos los cristianos del mundo entero reunidos juntos. La iglesia es Cristo en usted, Cristo en él, y Cristo en todos los cristianos alrededor del mundo en el transcurso de todos los siglos, y reunidos juntos. Nuestro hombre natural no tiene nada que ver con la iglesia. La única parte nuestra relacionada con la iglesia es la porción del pan que hemos comido. Esto se ve especialmente en el Evangelio de Juan, el cual revela que todos los que creen en el Señor tienen a Cristo morando en ellos y, por consiguiente, son uno en el Espíritu.

La iglesia está compuesta de lo que procede de Cristo. Los talentos del hombre, sus habilidades, pensamientos, fuerza y todo lo que le pertenece se encuentran fuera de la iglesia. Todo lo que viene de la vida natural está fuera de la iglesia, y todo lo natural que es introducido en la iglesia llevará a un derrumbamiento, y no a una edificación. Sólo lo que procede de Cristo se encuentra en la iglesia. Eva no fue hecha de barro, sino de Adán, aquel que tipificaba a Cristo. Lo precioso es esto: Dios tomó una costilla de Adán e hizo a Eva. Lo que salió de Adán, y no del barro, puede ser llamada "Eva", y sólo lo que procede de Cristo puede llamarse la iglesia. Todo lo que no es de Cristo no tiene nada que ver con la iglesia. Algunas personas eran muy francas antes de creer en el Señor. Después de ser salvas, usaron su franqueza para servir a Dios. Consideraron que su franqueza natural era algo bastante útil, y estaban orgullosas de ella. ¿Pero de dónde viene esta franqueza? ¿Procede de Cristo? ¿Pasó por la cruz? Oh, si no viene de Cristo, si no ha pasado por la cruz, ¡no es de ninguna utilidad para la iglesia! Eva fue constituida solamente con lo que salió de Adán, y la iglesia está constituida de lo que procede de Cristo. Todo lo que viene del hombre no puede ser la iglesia.

Algunas personas eran muy elocuentes antes de creer. Les resultaba tan fácil narrar y describir algo a los demás. Después de ser salvos, todo lo que hicieron fue cambiar de tema y empezaron a predicar. Pero no debemos pensar que el hecho de dar buenas predicaciones es suficiente. Por el contrario, debemos preguntar: "¿De qué fuente procede su elocuencia? ¿Pasó por la cruz?" Si su elocuencia es la que tenían originalmente y no pasó por el trato de la cruz, entonces es algo que sale enteramente de la propia naturaleza de ellas. La elocuencia que introducen en la iglesia es algo del Adán terrenal. En realidad, la iglesia será debilitada por estas personas. Solamente lo que sale de Cristo es la iglesia; nada de lo que pertenece a la naturaleza humana puede ser la iglesia.

También podemos encontrar personas muy inteligentes. Su mente es excepcionalmente aguda. Antes de ser salvas, usaban su mente para estudiar la filosofía, la ciencia, y la literatura. Después de ser salvas, simplemente usan su mente para estudiar la Palabra de Dios. Pero debemos preguntar: "¿De dónde viene esta mente aguda? ¿Ha pasado por la obra de la cruz? ¿Se encuentra bajo el control del Espíritu Santo? ¿O es simplemente la mente que tenían originalmente?" Si éste es el caso, es simplemente algo que proviene del Adán terrenal, del hombre mismo, de la naturaleza humana; es algo de la carne. Aunque estas personas han cambiado de tema, ¡su mente sigue siendo la misma mente vieja! Y cuando usan su mente para estudiar la Biblia, en vez de ayudar a la iglesia, la perjudicarán. Solamente lo que procede de Cristo puede constituir la iglesia. Todo lo que viene del hombre no puede formar parte de la iglesia. Dios debe despojarnos de toda nuestra naturaleza humana y someterla. Nuestra fuerza natural debe pasar por la obra de la cruz y ser sometida al dominio del Espíritu Santo. Entonces, y no antes, dejaremos de perjudicar a la iglesia. Todo lo que procede de la vida natural y adámica que está en nosotros es de la tierra; Dios no la quiere. Lo que salió de la costilla de Adán era Eva. (El hueso alude a la vida de resurrección. Cuando el Señor estaba en la cruz, ninguno de Sus huesos fue quebrado.) Solamente lo que es formado a partir de la vida de resurrección de Cristo, es la iglesia.

Eva tenía que ser hecha del hueso de Adán. Sin el hueso de Adán, Eva no habría podido existir. La ayuda idónea de Adán es también el cuerpo de Adán, puesto que la fuente de la vida de Eva era el hueso mismo de Adán. Adán era la base de su existencia. Existía por el mero hecho de que una parte de Adán estaba en ella. Pasa lo mismo con la iglesia. Debemos declarar continuamente al Señor: "Te debemos todo. Sin Ti, no tenemos nada de vida, ninguna existencia, ¡nada! ¡Procedemos de Ti!"

Este es el resultado vital de nuestro nuevo nacimiento: el arrepentimiento no hace de nosotros una parte de la iglesia, ni tampoco la confesión de nuestros pecados, ni nuestra fe. La vida que Cristo nos ha impartido es lo único que hace de nosotros una parte de la iglesia. La base sobre la cual formamos parte de la iglesia es nuestro nuevo nacimiento, puesto que Cristo se imparte en nosotros desde aquel entonces. Por consiguiente, sentimos la necesidad de vivir y actuar conforme a esta vida, la vida de Cristo. Todo lo que puede hacer Dios por nosotros es impartir a Su Hijo en nosotros a fin de que participemos de la vida de Cristo. Aunque somos meras vasijas terrenales, hay un gran tesoro en nuestro interior. ¿Qué, pues, nos puede sacudir? No obstante, si actuamos conforme a lo que decidimos nosotros, nos encontraremos fuera de la iglesia. Todo lo que no sea la porción de Cristo en nosotros no podrá ser la iglesia; es simplemente nosotros mismos. Si trabajamos según nosotros mismos, no hacemos la obra del Señor. Debemos preguntarnos sobre qué base y de qué fuente servimos al Señor, hacemos Su obra, buscamos lo espiritual, y caminamos según el Espíritu. Lo que hacemos, ¿está basado en Cristo o en nosotros mismos? Si todo lo hacemos por Cristo, podemos realizar el propósito de Dios, pero si hacemos algo por nosotros mismos, aunque llevemos a cabo algo, será solamente de naturaleza terrenal y no podrá cumplir la voluntad eterna de Dios.

El propósito eterno de Dios consiste en ganar a un hombre. Este hombre es un hombre corporativo que procede de Cristo. Es la iglesia. La iglesia no es la congregación de varios cristianos. No es un asunto de tener muchos "hombres"; se trata de una vida. La iglesia es lo que es únicamente porque hay muchas personas que tienen la misma vida, el mismo Cristo. Usted tiene una porción de Cristo, y otra persona también tiene una porción de Cristo; cada uno de nosotros tiene una porción de Cristo. Cuando juntamos todas estas porciones de Cristo, tenemos la iglesia.

Debemos ver claramente que Dios no quiere individuos, Dios creó el hombre, varón y hembra. El varón es singular, y la hembra también. Cristo es singular, y la iglesia también. A los ojos de Dios, existe un solo Cristo y una sola iglesia. En el futuro veremos que está un solo hombre en el Hades y un solo hombre en los cielos; no existe ningún tercer hombre. Dios ve solamente a dos hombres en todo el mundo. En 1 Corintios 15 se revela que Adán es el primer hombre y Cristo es el postrero. No hay otros hombres. Así como Eva, el Cuerpo de Cristo es uno, ¡y no son varios!

Por consiguiente, aunque tenemos la vida de Dios dentro de nosotros, todavía necesitamos que trabaje en nosotros para quebrantar nuestro individualismo. Dios tiene que librarme y echar abajo el concepto de que yo mismo soy suficiente. Debemos ser uno con los demás hijos de Dios. Existe una sola Eva; del mismo modo, hay un solo Cuerpo de Cristo. Todos los hijos de Dios, los que tienen la vida de Cristo, no son hombres y mujeres individuales; son todos un solo hombre. Dios debe acabar con nuestro individualismo. El tiene que quebrantarnos día tras día hasta que lleguemos a conocer la vida del Cuerpo.

¡Son muchos los que piensan que pueden ser cristianos individuales! Pero Dios no lo permitirá. A menudo sus oraciones individuales no son contestadas, su estudio personal de las Escrituras no los ilumina, y su búsqueda individual no los conduce a la voluntad de Dios. Si tal persona dijera a otro hermano o hermana: "No puedo lograr eso por mí mismo, ¿me puede ayudar usted?", y si oraran juntos, finalmente esta persona entendería. Todo lo que no entendía por sí mismo, lo entendería claramente al buscar una respuesta con un hermano. A menudo una persona así sigue siendo orgullosa, pensando que puede lograr algo por sí misma la mayor parte del tiempo, y que en muy pocas ocasiones no puede conseguir nada individualmente. Esto se llama individualismo. En la iglesia debe ser quebrantado el individualismo. Debemos permitir que el Cristo que mora en nosotros y el Cristo que vive en los demás hermanos y hermanas se entrelace en un solo Cuerpo.

Muchos cristianos conocen la vida que tenemos en Cristo, pero lamentamos decir que no conocen la vida en el Cuerpo de Cristo. Así como la vida de Cristo es una realidad, la vida del Cuerpo de Cristo también es una realidad. Los cristianos no son individuos, son uno. El apóstol Pablo dijo que a pesar de ser muchos, seguimos siendo *un solo* pan y *un solo* Cuerpo. Si vivimos conforme a Cristo, somos uno con los demás cristianos. Pero si vivimos conforme a nosotros mismos, nos separamos de los hijos de Dios.

Por consiguiente, si la iglesia ha de ser una verdadera iglesia, debe pasar por dos etapas: la extensión o aumento de Cristo y la consumición de nuestro ego. La extensión de Cristo empezó cuando fuimos regenerados, y desde que fuimos salvos, el Señor ha trabajado en nosotros día tras día para consumir nuestro ego. El Señor seguirá obrando hasta que un día delante de Dios, digamos: "No puedo hacer absolutamente nada por mí mismo. Todo lo que hago es conforme al principio de ayuda mutua entre los miembros. Todo lo que hago es conforme al principio de la comunión, el cual es el principio del Cuerpo". La iglesia es el Cuerpo de Cristo. Lo que procede de Cristo es lo único que constituye la iglesia; todo lo que viene del hombre no puede ser la iglesia.

Debemos entender que Dios toma en cuenta el origen de las cosas, y no el hecho de que sean buenas o malas. Los hombres siempre preguntan: "¿Es bueno o es malo?" Pero Dios pregunta: "¿De donde procede?" Lo que salió de Adán fue llamado Eva; del mismo modo, lo que procede de Cristo es llamado la iglesia. Lo que no viene de Cristo no puede ser la iglesia. Los hombres preguntan: "¿Tiene usted amor?" Pero Dios pregunta: "¿De dónde viene su amor?" Los hombres preguntan: "¿Tiene usted celos?" pero Dios pregunta: "¿Cuál es la fuente de su celo?" Debemos solucionar el asunto del origen, y no el asunto del bien o del mal. La cuestión del bien o del mal surgió después de Génesis 3. Quizás alguien pregunte: "¿No tengo ninguna habilidad? ¿No soy celoso de Dios?" Pero el problema es éste: ¿De dónde proceden su habilidad y celos?

A menudo sentimos que nosotros mismos podemos amar y ayudar a los demás. Por supuesto, amar y ayudar a los demás es algo bueno, pero: "si entregase mi cuerpo para gloriarme, y no tengo amor", el amor de Cristo, "nada me aprovecha" (1 Co. 13:3). ¿Es erróneo ayudar a los demás? La pregunta es la misma: ¿De dónde viene? Lo que viene de Cristo es lo único que constituye la iglesia. Lo que no procede de Cristo no tiene nada que ver con la iglesia.

En nuestra vida cristiana, la primera y la última lección que debemos aprender es discernir el origen de las cosas. La primera lección consiste en rechazar todo lo que viene de nosotros mismos, y la última lección sigue siendo el rechazo de todo lo que proviene de nosotros mismos. Esto no significa que no debemos intentar tener celos, pero el punto es el siguiente: nuestros esfuerzos y celos deben proceder del Señor. No estamos diciendo que no debemos trabajar, sino que queremos un trabajo que el Señor inicie. No estamos diciendo que no debemos buscar poder, sino que debemos buscar el poder que viene del Señor. Este es el punto clave: ¿De dónde se origina?

En el Evangelio de Juan, el Señor Jesús dijo una vez: "No puede el Hijo hacer nada por Sí mismo" (Jn. 5:19). Según el texto griego, la palabra traducida "por" puede traducirse "procedente de". Esto significa que el Hijo no puede hacer nada

que proceda de Sí mismo. Puesto que éste fue el caso del
Señor, ¡con más razón debería ser el nuestro también! ¿Cómo
podríamos hacer algo por nosotros mismos? Debemos entender delante de Dios que no podemos hacer nada por nosotros
mismos. El debe traernos al lugar donde entendamos que verdaderamente no podemos hacer nada por nosotros mismos;
todo debe ser por El y de El.
Cuando servimos al Señor, tener celos no es suficiente. No,
debemos hacer la obra que el Señor nos ha asignado. En Colo-
senses 1:29, Pablo dijo: "para lo cual trabajo, luchando según
la operación de El, la cual actúa en mí con poder". Dios está
actuando dentro de nosotros para que nosotros podamos
obrar. A menudo actuamos exteriormente, sin que mucho sea
hecho interiormente. Dios no ha hecho tanto en nuestro interior; la mayor parte lo hacemos por nosotros mismos. Esta
clase de trabajo, aunque pueda ser considerable, no es de
ninguna utilidad. En lo tocante a servir al Señor, es menester
que Dios nos lleve al lugar donde no queramos nada que no
venga del Señor. Si el Señor no se mueve, entonces no nos
atreveremos a movernos.
Eva fue hueso de Adán y carne de su carne. Esto significa
que los huesos en el interior y la carne encima proceden de
Cristo. Todo lo que está adentro y todo lo que está afuera son
de El; nada debe venir de nosotros. Eva en su totalidad salía de
Adán, y la iglesia en su totalidad sale de Cristo. Aunque hagamos algo bueno, no tendrá ninguna utilidad para el cumplimiento del propósito eterno de Dios. Por muy bueno que sea
algo, no puede glorificar a Dios si proviene de nosotros.
La primera mujer representa a la mujer que busca el corazón de Dios. No sólo había un hombre que expresaba el
corazón de Dios, sino que también una mujer lo expresaba.
Cristo no es el único en satisfacer el corazón de Dios, la iglesia también lo satisface. Cristo satisface el corazón de Dios,
porque le permite ser Su Cabeza. Debe pasar lo mismo con la
iglesia. Ella también debe permitir que Dios sea su Cabeza.
Cuando la iglesia alcance esta posición, se cumplirá la voluntad de Dios. Dios quiere tener esta clase de gente sobre la
tierra, y cuando la tenga, el deseo de Su corazón será satisfecho. Recordemos que todo lo que sale del hombre es polvo y es

indigno de formar el material de la ayuda idónea. Solamente lo que procede de Cristo constituye la iglesia.

## EVA ES HECHA DURANTE EL SUEÑO DE ADAN: LA IGLESIA ES PRODUCIDA POR MEDIO DE LA "MUERTE NO-REDENTORA" DE CRISTO

Ya vimos que Eva no fue hecha del polvo, sino de Adán; Adán fue el material con el cual Eva fue hecha. Del mismo modo, Cristo es el material de la iglesia. Dios usó a Cristo para formar la iglesia. Ahora veremos cómo Eva fue hecha, y cómo la iglesia fue formada.

Leamos Génesis 2:21-23: "Entonces Jehová Dios hizo caer sueño profundo sobre Adán, y mientras éste dormía, tomó una de sus costillas, y cerró la carne en su lugar. Y de la costilla que Jehová Dios tomó del hombre, hizo una mujer, y la trajo al hombre. Dijo entonces Adán: Esto es ahora hueso de mis huesos y carne de mi carne; ésta será llamada Varona, porque del varón fue tomada".

Dios produjo la iglesia por la muerte de Cristo. En cuanto a la muerte de Cristo, Génesis 2 contiene palabras muy especiales: "Entonces Jehová Dios hizo caer sueño profundo sobre Adán" (v. 21). Este versículo no dice que Dios hizo morir a Adán, sino que hizo caer sueño profundo sobre Adán. Si se hubiese mencionado la muerte, entonces el pecado estaría involucrado, porque el versículo 17 en el pasaje anterior afirma que la muerte y el pecado están relacionados. El sueño de Adán representa el aspecto de la muerte de Cristo que no estaba relacionado con la redención. En la muerte de Cristo había un aspecto que no estaba relacionado con la redención, sino con la liberación de Sí mismo. No estamos diciendo que la muerte de Cristo no está destinada a redimirnos (eso lo creemos firmemente), sino que Su muerte incluía un aspecto que no estaba relacionado con la redención. Este aspecto es la liberación de Sí mismo para crear la iglesia. No tiene nada que ver con el pecado. Dios está tomando algo de Cristo y lo usa para crear la iglesia. Por consiguiente, el "sueño" es usado aquí para tipificar Su muerte por medio de la cual el hombre recibe vida.

La redención y el hecho de recibir vida son dos cosas distintas. La redención tiene que ver con un aspecto negativo, el de llevar por nosotros nuestros pecados. Hemos pecado y merecemos morir; por consiguiente, Cristo vino para llevar nuestros pecados. Su muerte cumplió la redención por nosotros. Este aspecto de Su muerte está relacionado con el pecado. Pero existe otro aspecto de Su muerte que no está relacionado con la redención: es la impartición de Sí mismo dentro de nosotros para que recibamos vida por medio de Su muerte.

El sueño de Adán no se produjo con miras a la redención de Eva; se produjo a fin de que una costilla fuera sacada para la creación de Eva. (El pecado todavía no había entrado en el escenario; ese relato se encuentra en Génesis 3.) Eva llegó a existir por medio de Adán. Eva pudo recibir vida porque Adán durmió. Del mismo modo, un aspecto de la muerte de Cristo tiene que ver con la impartición de la vida a la iglesia.

Cuando Adán cayó en un sueño profundo, Dios sacó de él una costilla. Del mismo modo, cuando Cristo murió, algo sucedió a Su costilla, Su costado (véase Jn. 19:31-37). Su costado no fue traspasado para la redención, porque esto sucedió después de Su muerte. El problema de la muerte ya estaba solucionado. Según la costumbre judía, cada crucificado debía ser retirado de la cruz antes de la puesta del sol. Si no eran muertos, los soldados les quebraban los huesos para acelerar su muerte. Los dos ladrones crucificados con el Señor no habían muerto; por lo tanto, sus huesos fueron quebrados. Pero cuando los soldados miraron al Señor Jesús y vieron que ya había muerto, no le quebraron los huesos. Más bien, abrieron Su costado con una lanza, y al instante salió sangre y agua. Esto significa que cuando Su costado fue traspasado, la obra de redención ya estaba cumplida. Además revela que la obra de Cristo no incluía solamente el derramamiento de Su sangre para redimirnos de los pecados, sino también el agua que fluyó del costado, lo cual tipifica la impartición de Su vida en nosotros. Este aspecto no tiene relación con el pecado ni con la redención. La sangre acaba con los pecados, mientras que el agua nos hace recibir Su vida. Esto es lo que nos indica Su costado herido.

Todos debemos distinguir claramente entre estos dos aspectos de la muerte de Cristo. Un aspecto está relacionado con la redención, mientras que el otro no. El primer aspecto de Su muerte soluciona todo lo sucedido después de la caída del hombre en Génesis 3. Puesto que el hombre cayó, Cristo vino a redimirlo para volverlo al propósito original que Dios tenía al crear al hombre. Pero el otro aspecto de Su muerte no tiene nada que ver con los pecados. Sirve enteramente para liberar Su vida, para que Su vida sea impartida en nosotros. Debido a estos dos aspectos distintos de la muerte de Cristo, la Biblia usa dos sustancias diferentes para tipificarlos. Se usa la sangre para la redención, y se usa el agua para el aspecto no-redentor. Que Dios nos abra los ojos para que veamos la importancia de este asunto. La sangre sirve para la redención, y el agua para impartir Su vida. Debido a que nosotros hemos pecado y somos pecaminosos ante Dios, la sangre está delante de El, y habla por nuestros pecados. Pero el agua tipifica al Señor mismo como vida. En Juan 19:34 vemos que el agua salió de El, y en el capítulo 20, el Señor mostró Su costado a Sus discípulos. Juan 20 no es un capítulo sobre la redención. El Señor dijo: "Subo a Mi Padre y a vuestro Padre, a Mi Dios y a vuestro Dios" (v. 17). Este es un asunto de impartir vida.

Esto no es todo. Leamos nuevamente Génesis 2:22 y 23: "Y de la costilla que Jehová Dios tomó del hombre, hizo una mujer, y la trajo al hombre. Dijo entonces Adán: Esto es ahora hueso de mis huesos y carne de mi carne". Una parte de las Escrituras nos describe como "carne y sangre" (1 Co. 15:50), pero cuando en las Escrituras se refiere al hombre en resurrección, se describe solamente como "carne y huesos"; no se menciona la sangre (véase Lc. 24:39). Dios usó la costilla de Adán para hacer a Eva; no usó la sangre de Adán. En toda la Biblia, la palabra "sangre" se menciona más de cuatrocientas veces, pero Génesis 2 no menciona la sangre porque no era una cuestión de redención. Cada vez que se menciona la sangre, la redención está incluida. La sangre sirve para la redención. El Antiguo Testamento relata cómo el hombre usaba la sangre de los animales para expiar los pecados. En el Nuevo Testamento, Hebreos 9:22 dice: "Sin derramamiento de sangre, no hay redención". Tanto en el Nuevo Testamento como en el Antiguo, vemos que la sangre está relacionada con la redención. Pero en la creación de Eva, la sangre no fue mencionada porque no existía el pecado; Dios no vio ningún pecado allí.

## LA IGLESIA EN EL PLAN DE DIOS: SIN PECADO

Cuando leemos Efesios 5:25, encontramos el mismo significado. "Maridos, amad a vuestras mujeres, así como Cristo amó a la iglesia y se entregó a Sí mismo por ella". En este pasaje debemos observar tres puntos:

Primero, Cristo se entregó a Sí mismo por nosotros, porque somos la iglesia. Romanos 5, que habla de la muerte de Cristo por los pecadores, tiene que ver con la redención. Sin embargo, Efesios 5 no trata del problema de los pecadores, sino de la iglesia. El contexto de Efesios 5 no trata de que Cristo vino con el fin de morir por nosotros porque éramos pecadores, sino que El se dio a Sí mismo por nosotros porque somos la iglesia.

En segundo lugar, Cristo se entregó a Sí mismo por nosotros porque El nos ama, y no porque hemos pecado. Según 1 Corintios 15, Cristo murió por nuestros pecados, pero Efesios 5 declara que Cristo amaba a la iglesia y se entregó por ella. El se entregó por amor, y no por nuestros pecados. Una cosa es morir por el pecado, y otra muy distinta es morir por amor. Morir por el pecado soluciona el problema del pecado: esto es la redención. Pero la entrega de Cristo por nosotros es un asunto de amor. El pecado no está incluido en Efesios 5. Este aspecto de Su muerte está relacionado con el amor y no tiene nada que ver con el pecado.

En tercer lugar, Cristo se entregó por nosotros para darse a nosotros, y nuestros pecados no tienen nada que ver con eso. Podemos traducir este versículo así: "Cristo amó también a la iglesia y se dio a la iglesia". Adán impartió su hueso a Eva; igualmente, Cristo se impartió a Sí mismo en nosotros. Lo tenemos dentro de nosotros porque El murió; El ya entró en nosotros. Puesto que El murió, ahora llevamos Su vida adentro. El mismo se impartió dentro de nosotros.

Considerémoslo por un momento. ¿No es algo maravilloso? Desde el punto de vista de Dios, la iglesia nunca pecó y jamás estuvo relacionada con el pecado. Es cierto que Dios conocía la caída del hombre y su necesidad de ser redimido, pero ¡qué maravilloso es!, por otro lado El no miró el pecado en absoluto. En otras palabras, dentro de nosotros existe una porción que no tiene ninguna necesidad de redención. Esta es la porción que hemos recibido de Cristo. No necesita ser redimido porque trasciende el pecado. (Por supuesto, logramos esta porción después de ser redimidos.) Esta porción es la iglesia.

Las Escrituras revelan cómo Dios usó muchas mujeres para tipificar a la iglesia. Aparte de la historia de Eva, Génesis contiene la historia de Rebeca y Asenat. El matrimonio de Rebeca con Isaac representa a la iglesia ofrecida a Cristo. El matrimonio de Asenat con José y el hecho de que ella dio a luz hijos en Egipto tipifica a la iglesia escogida de entre el mundo y apartada para Dios. Exodo habla del matrimonio de Séfora con Moisés en el desierto. Esto tipifica a la iglesia en el desierto. Josué habla de Asa, quien pidió, después de casada, los ríos altos y bajos. Esto tipifica la adición de la herencia por parte de la iglesia. El matrimonio de Rut con Booz tipifica la redención de la iglesia. El matrimonio de Abigail con David tipifica a la iglesia como ejército que se prepara a pelear.

El Antiguo Testamento habla de muchas mujeres que tipificaban los varios aspectos de la iglesia; la iglesia fue escogida de entre el mundo, fue redimida, llevada por el desierto, reclutada para la guerra, hecha heredera, y ofrecida a Cristo. Todos estos tipos en las Escrituras aluden a la iglesia, pero entre todos ellos, el tipo en Génesis 2 es único. Ningún otro tipo se parece a éste porque aquí Eva representa la iglesia como es realmente en la mente de Dios y muestra el lugar que la iglesia ocupa en Su plan eterno. Todos los demás tipos aparecen después de la caída del hombre; el tipo de Eva es el único que precede la caída. Todos los demás tipos están relacionados con la responsabilidad moral, pero éste no.

La Eva que Dios hizo salió de Adán, y no de un pecador redimido. Fue hecha antes de que se produjera el pecado. Del mismo modo, la iglesia sale de Cristo; no tiene nada que ver con el hecho de que los pecadores reciban gracia o sean salvos. Eva salió de Adán y era totalmente para Adán; y también, la iglesia sale de Cristo y está totalmente destinada a Cristo. Podemos considerar que la iglesia se compone de muchas personas salvas, como Rut. Rut estaba totalmente involucrada en el pecado, y Booz vino a redimirla. Pero éste no es el cuadro de la iglesia que nos presenta Génesis 2. En el tiempo de Rut, el pecado ya había entrado, pero en Génesis 2 no había ningún problema de pecado. Allí tenemos la iglesia que estaba en el principio; no estaba relacionada con el pecado. ¡Oh, esto es un asunto tremendo, y son palabras con un significado muy importante! En el pensamiento de Dios desde el principio, ¡la iglesia no tiene ninguna historia de pecado!

Cuando la gente pregunta por la historia de nuestra salvación, siempre empezamos con la caída, es decir, cómo pecamos y erramos en el pecado, cómo fuimos tan malos, cómo oímos el evangelio, creímos en el Señor Jesús, y fuimos salvos. Siempre empezamos por la caída. Pero a los ojos de Dios, la iglesia nunca fue tocada por el pecado. La iglesia salió de Cristo y nunca fue tocada por el pecado y nunca conoció el pecado. Lo que está exento de pecado se llama Eva, y lo que procede completamente de Cristo se llama la iglesia. Eva, la iglesia, es lo que viene exclusivamente de Cristo y todo lo que es y tiene será para Cristo. Eva tipifica un hombre corporativo hecho por Dios, la iglesia que totalmente procede de Cristo. La iglesia no es la composición de seres humanos procedentes de toda nación, raza, y pueblo. ¡No! Sólo lo que viene de Cristo puede llamarse la iglesia. El punto no reside en el hecho de que mucha gente crea en Jesús y se convierta en la iglesia. La iglesia es la porción que procede solamente de Cristo. Debemos ver que la iglesia es la vasija que Dios ha escogido para manifestar a Su Hijo, Cristo, y para cumplir Su propósito eterno. No tiene nada que ver con el pecado y nunca fue tocado por el pecado.

Nuestros pensamientos deben ser renovados y debemos entrar en lo que Dios considera más importante. Muchos hijos de Dios relacionan todo con el problema del pecado y con la salvación. Siempre piensan en el estado pecaminoso en el cual se encontraban y en la manera en que fueron salvos. Parece que siempre adoptamos la perspectiva del pecado. Este asunto siempre está con nosotros, pero Dios intenta cambiar radicalmente nuestro modo de pensar. El desea que tengamos una visión totalmente nueva de la iglesia; El quiere que veamos que ella en nada está relacionada con el pecado. Desde el principio y hasta el final, la iglesia procede de Dios, es para Dios y nunca ha tocado el pecado. En nuestro interior se encuentra una porción que procede de Cristo y que es Cristo mismo. Esta porción nunca ha estado relacionada con el pecado y nunca lo será; el pecado no puede entrar en contacto con ella. Ciertamente podemos decir que dentro de nosotros hay algo santo. Oh, ¡que todos entremos en la visión que tiene Dios de la iglesia! Desde este punto de vista parece que El ha borrado toda la historia del pecado.

Cuando lo alabemos en la eternidad, no necesitaremos mencionar la clase de pecadores que fuimos. Dios desea llevarnos a un nivel donde toda la historia que sigue Génesis 3 desaparecerá y donde se le presentará únicamente lo que es de Cristo. ¡Este es el propósito eterno de Dios! Dios desea obtener una iglesia, un hombre corporativo, en el cual todo procede de Cristo y es para Cristo, una iglesia en la cual no existe ninguna historia de pecado.

Regresemos a Génesis 2:18 "Y dijo Jehová Dios: no es bueno que el hombre esté solo; le haré ayuda idónea para él". La creación de Eva fue hecha para satisfacer el deseo del corazón de Dios. Por tener tal deseo El lo realizó. Debemos observar que la creación de Eva viene relatada en Génesis 2, antes de que se produjeran los acontecimientos en Génesis 3. No hubo problema de responsabilidad moral entre Dios y el hombre porque el pecado todavía no había entrado. El hombre no tenía problemas con Dios; por consiguiente, todos los acontecimientos relatados en Génesis 2 cumplían el propósito de satisfacer las necesidades de Dios mismo, no el de resolver los defectos del hombre. La creación de Eva en Génesis 2 muestra cómo Dios se propuso tener Su iglesia desde la eternidad y por toda la eternidad. Lo primero que vio Dios no fue la caída del hombre, sino el plan que El se propuso en la eternidad pasada. El plan de Dios en la eternidad consistía en que el hombre ejerciera la autoridad de Dios y desbaratara toda la obra de Satanás. Este es el propósito de Dios para la iglesia, y se cumplirá completamente en la eternidad venidera. Dios busca dicha iglesia para que satisfaga Su corazón. Después de crear el varón y la hembra, El descansó. Dios estaba satisfecho porque obtuvo tal iglesia.

CAPITULO TRES

## EL CUERPO DE CRISTO
## Y LA ESPOSA DE CRISTO

Ya hemos descrito la manera en que Eva tipifica a la iglesia
en el plan de Dios. En el plan de Dios todo lo que pertenece a
la iglesia procede completamente de Cristo. No contiene nada
del hombre ni tiene ninguna relación con el pecado. Nuestro
Dios tiene la determinación de conseguir esta iglesia. Todo lo
inferior a ella no podría satisfacer Su corazón. El no planeó solamente esta clase de iglesia, sino que la va a conseguir. ¡Aleluya!
¡Es un hecho! Debemos entender que nuestro Dios jamás podrá
ser entorpecido ni frustrado. Cuando Dios se propone algo,
nada lo puede resistir, ni siquiera el Hades con todas las fuerzas de la creación combinadas. Aunque somos seres caídos y
estamos llenos de debilidades, aunque somos carnales y aní-
micos, nos alejamos de Dios y le desobedecemos, aún así Dios
logrará Su propósito. No importa lo que haga el hombre, no
podrá arruinar el plan de Dios; todo lo que puede lograr es
atrasarlo. Por consiguiente, no solamente debemos entender el
propósito de Dios, sino también ver claramente que Dios logrará
plenamente lo que El se ha propuesto. Desde la eternidad
pasada, Dios se propuso conseguir una iglesia que proceda enteramente de Cristo, una iglesia sin ninguna impureza humana,
ningún elemento terrenal, ni sabor de pecado. Cada una de
sus partes procede de Cristo, y Cristo es su vida.

No obstante, a partir de Génesis 3, el hombre cayó. Ahora
junto al propósito de Dios en la creación, está también la
caída del hombre. Por consiguiente, veamos la manera dise-
ñada por Dios para corregir la situación.

Efesios 5:25-30 dice: "Maridos, amad a vuestras mujeres,
así como Cristo amó a la iglesia y se entregó a Sí mismo por

ella, para santificarla, purificándola por el lavamiento del agua en la palabra, a fin de presentársela a Sí mismo, una iglesia gloriosa, que no tuviese mancha ni arruga ni cosa semejante, sino que fuese santa y sin defecto. Así también los maridos deben amar a sus propias mujeres como a sus mismos cuerpos. El que ama a su mujer, a sí mismo se ama. Porque nadie aborreció jamás a su propia carne, sino que la sustenta y la cuida con ternura, como también Cristo a la iglesia, porque somos miembros de Su Cuerpo".

Podemos dividir estos seis versículos de las Escrituras en dos secciones: los versículos del 25 al 27 nos dan la primera razón por la cual los maridos deben amar a sus mujeres; los versículos del 28 al 30 nos presentan la segunda razón por la cual los maridos deben amar a sus esposas. En estas dos secciones descubrimos dos mandatos de amar a la esposa y dos razones. Pero existe una diferencia entre estas dos secciones. La primera sección dice que Cristo "amó" a la iglesia y se entregó a Sí mismo por ella; estos verbos están en pretérito. A partir del versículo 28, los verbos están en presente, tales como "sustenta" y "cuida". Por lo tanto, estas dos porciones de las Escrituras tienen que ver con diferentes elementos de tiempo: una sección se refiere a algo pasado y la otra a algo presente.

Los temas de estas dos secciones también son distintos. La primera sección alude a la iglesia, la *esposa* de Cristo; la segunda sección habla de la iglesia en calidad del *Cuerpo* de Cristo. En la primera sección, se usa el pretérito cuando alude a la iglesia como esposa de Cristo. Esto se debe al hecho de que todo el propósito de Cristo, como lo vemos revelado, consiste en conseguir una esposa. Incluso Su muerte tuvo como objeto conseguir una novia. Aunque El obtendrá Su esposa en el futuro, la obra fue acabada en el pasado. En cuanto al presente, la iglesia es el Cuerpo de Cristo, y el Señor está sustentando y cuidando con ternura a Su iglesia ahora.

### LA RELACION ENTRE EL CUERPO Y LA ESPOSA

A los ojos de Dios, la iglesia tiene dos posiciones: en cuanto a su vida, la iglesia es el Cuerpo de Cristo, pero con respecto a su futuro, ella es la esposa de Cristo. En cuanto a la unión de

Cristo con la iglesia, la iglesia es Su Cuerpo; en cuanto a la relación íntima entre Cristo y la iglesia, la iglesia es Su esposa.

Cada vez que la Palabra de Dios habla de la unidad entre Cristo y la iglesia, vemos a Cristo como Cabeza y a la iglesia como Su Cuerpo. Cada vez que la Palabra muestra la distinción entre Cristo y la iglesia, vemos a la iglesia como la esposa de Cristo. Se habla de Adán y Eva como de dos personas que llegaron a ser "una sola carne", pero seguían siendo dos personas; Dios seguía considerándolos como dos personas. Adán era Adán, y Eva era Eva. Eran unidos para ser uno. Esta es la relación entre la iglesia y Cristo. De uno fueron hechos dos, y de dos, llegaron a ser uno. Cuando Dios creó originalmente al hombre, Él los creó varón y hembra. Eva salió de Adán; por lo tanto, ella y Adán eran uno. De igual manera, la iglesia sale de Cristo; por consiguiente, la iglesia y Cristo también son uno. Sin embargo, puesto que Adán y Eva vivían al mismo tiempo, existía una diferencia entre ellos. Del mismo modo, existe también una distinción entre la iglesia y Cristo porque coexisten. En cuanto a la unidad, son uno, pero con respecto a las diferencias, difieren el uno del otro.

Estas dos posiciones tienen que ver con una diferencia en tiempo. Ahora la iglesia es el Cuerpo de Cristo, pero en el futuro la iglesia será la esposa de Cristo. Ahora la iglesia es el Cuerpo de Cristo cuyo propósito es manifestar la vida de Cristo. Un día, cuando la iglesia sea madura en vida, Dios la llevará a Cristo; en aquel día llegará a ser la esposa de Cristo. Algunos piensan que la iglesia es la esposa de Cristo hoy en día, pero eso no es cierto. No hay tal cosa. El Señor Jesús todavía no es el Novio, entonces ¿cómo podría la iglesia ser Su novia ahora? Dios no llevará a la iglesia a Cristo como esposa Suya hasta que se haya cumplido la obra de la iglesia como Cuerpo de Cristo.

Si consideramos la tipología en Génesis 2, podemos ver también la relación que existe entre el Cuerpo y la esposa. Eva fue hecha de la costilla de Adán; por tanto, ella era el cuerpo de Adán. Eva era el cuerpo de Adán porque una porción del cuerpo de Adán fue usada para hacer a Eva. Pero después de hacer a Eva, Dios la trajo a Adán, y ella vino a ser la esposa de Adán. Esta es la relación que existe entre el Cuerpo y la esposa. Cuando se hace referencia al hecho de que Eva salió de Adán, eso significa que ella es el cuerpo de Adán; pero cuando Eva fue presentada a Adán y vino a ser su ayuda idónea, ella se convirtió en la esposa de Adán. Lo que provino de Adán era el cuerpo de Adán, y lo que fue traído a Adán era su esposa.

Lo que salió de Adán era lo único que podía convertirse en la ayuda idónea de Adán. Todo lo que no provenía de Adán nunca podría ser su ayuda idónea. Por lo tanto, cuando todas las aves de los cielos fueron traídas a Adán, él no tomó a ninguna de ellas como ayuda idónea, porque ellas no habían salido de él. Cuando todo el ganado fue traído a él, Adán no tomó a ninguno, porque no habían salido de él. Pasó lo mismo con todas las bestias. Su origen no correspondía con Adán. Por no haber salido de Adán, no podían ser su ayuda idónea. ¿Quien, pues, podía ser la ayuda idónea de Adán? ¡Eva! Eva fue traída a Adán, así como las aves en el aire, el ganado del campo, y las bestias. No obstante, había una diferencia fundamental entre Eva y ellos; ellos no habían salido de Adán. Ya que Eva había salido de Adán, era la única capacitada para ser su esposa. Ella provenía de él, y fue traída a él. Todo lo que sale de él es su cuerpo; todo lo que vuelve a él es su esposa.

Lo que procede de Cristo es lo único que puede volver a Cristo. Lo que no procede de El nunca podrá regresar a El. Lo que viene de los cielos es lo único que puede volver a los cielos. Si no hemos bajado de los cielos, no podremos regresar a los cielos. El hogar es el sitio de nuestro origen. Cuando decimos que vamos a casa, queremos decir que regresamos al lugar de donde venimos. Lo que viene de los cielos es lo único que puede regresar a los cielos. Lo que proviene de Adán es lo único que puede volver a Adán. Adán pudo recibir solamente lo que provenía de él. Esto es una figura: muestra que Cristo recibirá solamente lo que proviene de El mismo. Solamente los que proceden de Cristo podrán regresar a El. Sólo los que reciben vida de El pueden ser recibidos por El.

Muchas personas creen que deberían ofrecer todo lo que son y todo lo que tienen al Señor. Pero Dios no puede aceptar nada que sea ofrecido por una fuente humana. Dios no puede tomar o usar nada que provenga del hombre. Entre todos los cristianos, especialmente los que tienen mucho celo por el Señor, se comete un grave error. Ellos piensan que mientras se entreguen al Señor y le ofrezcan sus habilidades, talentos y todo lo que tienen, todo estará bien. Pero debemos recordar que Cristo aceptará solamente lo que procede de El mismo; El no aceptará nada que venga del hombre. Usted podría preguntar: "Entre los apóstoles, ¿no había un Pablo? ¿no era él muy educado? ¿no era él un hombre de mucha inteligencia?" Pero debemos recordar las palabras que Pablo pronunció sobre sí mismo: "Pues me propuse no saber entre vosotros cosa alguna sino a Jesucristo, y a éste crucificado. Y estuve entre vosotros con debilidad, y temor y mucho temblor; y ni mi palabra ni mi proclamación fue con palabras persuasivas de sabiduría, sino con demostración del Espíritu y de poder" (1 Co. 2:2-4). Damos gracias al Señor por los hombres inteligentes y elocuentes que entran en la iglesia, pero la inteligencia y la elocuencia naturales que tienen originalmente, no son de ninguna utilidad espiritual en la iglesia. En la iglesia, se reconoce una sola cosa: lo que procede de Cristo. Solamente lo que viene de Cristo puede regresar a El. El material para la edificación de esta esposa es Cristo mismo.

El punto que intentamos demostrar es éste: sólo lo que procede de Cristo puede tener algún valor y ser de alguna utilidad espiritual en la iglesia. Dios nunca usa la vieja creación para construir la nueva. Tampoco Dios usa lo que viene del hombre para construir lo que es de Dios. Nunca podría usar algo carnal para producir algo espiritual. El Señor Jesús dijo: "Lo que es nacido del Espíritu, espíritu es" (Jn. 3:6b). ¿Podría llegar a ser espíritu algo que es nacido de la carne? ¡No! "Lo que es nacido de la carne, carne es". Todos los problemas están relacionados con esta cuestión del origen. Si queremos saber si el resultado será espiritual, sólo debemos preguntarnos si el origen es espiritual. El Señor Jesús dijo: "Lo que es nacido del Espíritu, espíritu es". No podemos usar nada que venga de la carne para producir algo que proceda del espíritu. Un mensaje que viene de los pensamientos produce solamente pensamientos. Lo que suscita emociones sólo produce una estimulación emocional. La obra del espíritu es la única que produce el espíritu. El punto crucial no reside en cuán correcto sea la meta o el propósito, sino en el proceso. El hombre considera que mientras la meta esté correcta, todo lo demás está bien. Pero Dios no pide solamente que la meta esté correcta; también tiene interés en cómo la realizamos. Alguien podría decir: "Soy uno con los intereses del Señor, y la obra que estoy haciendo está destinada a la iglesia; es la obra de salvar almas, la obra espiritual, la obra de extender el reino celestial. He dado toda mi habilidad e inteligencia para eso. ¿Acaso, no es algo bueno?" Aún así, las habilidades e inteligencia naturales del hombre, lo que no ha pasado por la cruz, no tiene ninguna utilidad espiritual. El Señor dijo: "Lo que es nacido de la carne, carne es" (v. 6a).

Por tanto, tener un propósito espiritual no es suficiente; el proceso también debe ser del espíritu. El método debe ser del espíritu, y el hombre mismo debe ser una persona del espíritu. Lo que viene del Espíritu Santo es lo único que puede ser espiritual. Sólo lo que salió de Adán podía regresar a Adán. Primero, debe ser el cuerpo de Adán, y luego podrá ser la esposa de Adán. Primero debemos ser el Cuerpo de Cristo, y luego podemos regresar y ser la esposa de Cristo. Esperamos tocar alguna realidad espiritual en este asunto. Debemos entender lo que Dios busca realmente. El exige que todo proceda de Cristo, que todos nazcan del Espíritu.

Por consiguiente, cada cristiano debe perseguir la vida del Cuerpo. Si no buscamos la vida del Cuerpo, no podemos buscar la vida de la Esposa. Nunca deberíamos imaginarnos que experimentar la vida del Cuerpo no es algo importante. Debemos comprender que tendremos la vida de la esposa en el futuro, si tenemos la vida del Cuerpo ahora. Si vivimos pasando el tiempo sin un propósito fijo, nunca conoceremos la vida de la esposa. Cada cristiano debe conocer el Cuerpo de Cristo. Ante Dios, debemos buscar eso. No podemos vivir como individuales, sino caminar juntos con los otros hijos de Dios. Un cristiano debe ver que es un miembro del Cuerpo entero. El no es solamente un cristiano entre muchos, sino también un miembro. El debe vivir como miembro con muchos otros cristianos, con una relación mutua y corporativa con ellos. Si conocemos realmente la vida del Cuerpo, entenderemos que un cristiano no puede vivir ni un solo día sin el Señor Jesús, y tampoco podrá vivir ni un solo día sin los demás cristianos. Sin el Señor Jesús, él no puede existir, y sin los otros cristianos tampoco. Dios busca un Cuerpo, y no muchos cristianos individuales y aislados. Dios desea una Eva entera, y no una mano aquí y un pie allá. El debe obtener Eva en su totalidad; entonces ella le será útil. El no quiere un inválido, sino un nuevo hombre, un hombre corporativo.

Esta es la razón por la cual se debe eliminar todas las divisiones y el individualismo. El asunto de la división no es algo meramente externo; es un problema de nuestro corazón. Martín Lutero dijo que el papa más grande no vive en Roma, sino en nuestros corazones. Debemos entender que el mayor obstáculo a la voluntad de Dios no son las divisiones exteriores, sino nosotros mismos, como personas individuales, que no conocen la vida del Cuerpo. En este punto, necesitamos dos revelaciones distintas: primero, ver que el Cuerpo es uno, y segundo, ver que formamos parte de él, que somos miembros de este Cuerpo. Cuando veamos que el Cuerpo es uno, nunca nos atreveremos a causar divisiones. Cuando veamos que como miembros somos una porción del Cuerpo entero, nunca nos atreveremos a justificarnos, o a considerar que como miembros individuales no podríamos ser una unidad entera. El Cuerpo reunido en su totalidad es lo único que puede constituir una unidad. Nosotros como miembros somos demasiado pequeños, demasiado insuficientes. Oh, que Dios nos libre de nuestro individualismo. Entonces podremos ser útiles al Señor.

### CRISTO AMA A LA IGLESIA

Leamos ahora Efesios 5:28-29: "Así también los maridos deben amar a sus propias mujeres como a sus mismos cuerpos. El que ama a su mujer, a sí mismo se ama. Porque nadie aborreció jamás a su propia carne, sino que la sustenta y la cuida con ternura, como también Cristo a la iglesia". Los maridos deben amar a sus mujeres, porque amar a sus mujeres equivale a amar a sus propios cuerpos. Los hombres siempre sustentan y cuidan con ternura a sus propios cuerpos, y Cristo también sustenta y cuida con ternura a la iglesia. A los ojos de Cristo, la iglesia es Su propio Cuerpo, hueso de Sus huesos y carne de Su carne. Estos versículos nos muestran que la iglesia es el Cuerpo de Cristo, y que Su obra actual hacia la iglesia consiste en sustentarla y cuidarla con ternura, porque la iglesia es El mismo. Ciertamente El nos sustentará y nos cuidará, porque todos hemos salido de Cristo. Sabemos cuánto nos sustentamos y cuánto nos cuidamos. Del mismo modo, Cristo nos sustentará y nos cuidará. Queda patente que "nadie aborreció jamás a su propia carne". Si una persona normal lastima su mano, la cuidará con muchas precauciones; si su pie está herido, lo cuidará con cariño. Los hombres siempre se sustentan y se cuidan. De la misma manera, Cristo ama a la iglesia, porque la iglesia es El mismo.

Efesios 5:25-27 dice: "Maridos, amad a vuestras mujeres, así como Cristo amó a la iglesia, y se entregó a Sí mismo por ella, para santificarla, purificándola por el lavamiento del agua en la palabra, a fin de presentársela a Sí mismo, una iglesia gloriosa, que no tuviese mancha ni arruga ni cosa semejante, sino que fuese santa y sin defecto". Estos tres versículos hablan de la iglesia como la Esposa de Cristo. "A fin de presentársela a Sí mismo" es la presentación de Eva a Adán por parte de Dios. De la misma manera, Cristo se presentará la iglesia a Sí mismo. Sin embargo, esta presentación se efectuará en el futuro. Hoy en día la iglesia todavía no ha alcanzado esta etapa. Cristo está laborando paso tras paso en la iglesia hasta el día en que El se la presentará a Sí mismo. En otras palabras, Efesios 5:25-27 habla del camino que va de la redención al reino. Paso tras paso la iglesia es preparada para que Cristo pueda presentársela a Sí mismo en aquel día.

¿Por qué se menciona aquí que la iglesia debe ser purificada? Porque aquí estamos en Efesios 5, y no en Génesis 2. En el libro de Efesios se ve la revelación más elevada de Dios con respecto a la iglesia. La característica extraordinaria de este libro es que no empieza con pecadores que luego son salvos, sino con nuestra elección eterna. Romanos 1 empieza por el pecado, por la manera en que pecamos y en que luego fuimos salvos. Pero Efesios 1 empieza por la eternidad y nuestra elección desde la fundación del mundo. No se menciona el problema del pecado sino hasta el capítulo dos. El libro de Efesios revela dos líneas: una va de la eternidad a la eternidad, y la otra de la caída del hombre a su redención. Efesios nos revela algo trascendental. Vemos cómo la iglesia procede de Cristo, cómo fue escogida antes de la fundación del mundo, y cómo manifestará para siempre la gloria de Cristo en la eternidad. Al mismo tiempo, nos muestra que la caída del hombre es un hecho, que su pecado es un hecho, y que la existencia de nuestra vida natural es también un hecho. Por consiguiente, el capítulo cinco dice que Cristo nos purificará por el lavamiento del agua en la palabra hasta que seamos santificados. El quiere restaurarnos hasta que correspondamos completamente con el propósito eterno de Dios.

Por una parte, necesitamos la visión para ver que la iglesia jamás ha fracasado, pecado o caído. La iglesia jamás ha tocado el pecado; de eternidad en eternidad ha estado en una línea recta. Por otra parte, debemos entender que no somos más que un grupo de pecadores salvos por gracia; por consiguiente, necesitamos el lavamiento del agua en la palabra. Necesitamos Su vida, por medio de Su palabra, para santificarnos y restaurarnos a lo sumo. Que Dios nos conceda gracia para que alcancemos este punto.

## LA PURIFICACION DE LA IGLESIA POR EL LAVAMIENTO DEL AGUA EN LA PALABRA

Debemos prestar atención a esta expresión: "por el lavamiento del agua en la palabra". En el Nuevo Testamento se usan dos términos griegos que significan "palabra". Uno es *lógos*, y se refiere a la palabra en un sentido general; el otro es *réma* traducido *palabra* en las Escrituras, aunque significa algo bastante diferente de *lógos*. *Lógos* se refiere tanto a las cosas determinadas eternamente como a las cosas usadas de manera objetiva. Esta es *palabra* como la usamos habitualmente, y *palabra* como es conocida generalmente en el cristianismo. Pero *réma* se refiere a las palabras que son habladas. Esto es más subjetivo que *lógos*. Miremos varios pasajes en el Nuevo Testamento donde aparece *réma*.

En Mateo 4:4 Jesús dijo: "Escrito está: No sólo de pan vivirá el hombre, sino de toda palabra que sale de la boca de

Dios". En este versículo, "palabra" es *réma*, y no *lógos*. Cuando decimos que la Biblia es la Palabra de Dios, la "palabra" es *lógos*, y no *réma*. ¿Podríamos decir que el hombre no vivirá solamente de pan, sino de la Palabra de Dios relatada en la Biblia? No, no estamos diciendo que la Palabra escrita de Dios no tiene ninguna utilidad, sino que *lógos*, la Palabra de Dios relatada en la Biblia, para nada nos sirve *en sí misma*. Un día un mensajero dijo a una madre que su hijo fue atropellado por un carro y que estaba a punto de morir. La madre abrió inmediatamente la Biblia y por casualidad fijó su atención en Juan 11:4: "Esta enfermedad no es para muerte". Gracias a este versículo, se sintió en paz e incluso empezó a regocijarse, pero cuando llegó al lugar del accidente, se enteró de que su hijo ya había muerto. ¿Significa eso que el relato del Evangelio de Juan no es la Palabra de Dios? Sí, es la Palabra de Dios, pero es *lógos*, y no *réma*. La palabra que ella asió no era la palabra que Dios le había hablado en esa circunstancia particular. Tanto *lógos* como *réma* son la Palabra de Dios, pero el primero es la Palabra de Dios relatada objetivamente en la Biblia, mientras que el último es la palabra que Dios nos habla en una ocasión específica.

Romanos 10:17 dice: "Así que la fe proviene del oír, y el oír, por medio de la palabra de Cristo". En este versículo, se usa de nuevo *réma*, y no *lógos*. Esto significa que podemos creer cuando Cristo habla por primera vez dentro de nosotros.

Juan 3:16 es un versículo que muchos de nosotros podemos citar de memoria. Quizás lo conozcamos desde hace diez o veinte años. ¿Es este versículo la Palabra de Dios? Es ciertamente la Palabra de Dios, pero es *lógos*. No obstante, llega un día cuando leemos este versículo y nos resulta totalmente diferente de lo que era antes. "Porque de tal manera amó Dios al mundo..." Dios no ama solamente al mundo, sino que me ama a mí. "...que ha dado a Su Hijo unigénito... ". Dios no ha dado a Su Hijo solamente al mundo, sino a mí. "para que todo aquel que en El cree..." El punto no es que alguien crea en El, sino que yo crea en El. "...no perezca, mas tenga vida eterna". Soy yo el que no perecerá, y soy el que tiene vida eterna ahora. Esta palabra ahora es *réma*. Dios nos habla la palabra, y en ese momento recibimos fe. Por consiguiente, debemos pedir a Dios: "Oh Dios, concédeme gracia, Te pido que siempre me des *réma*". Esto no significa que *lógos* no es de ninguna utilidad. *Lógos* tiene un uso definido, pues sin *lógos,* nunca podríamos tener *réma*. Todo el *réma* de Dios se basa en el *lógos.* No podemos negar que Juan 3:16 es la Palabra de Dios. Pero cuando el *lógos* de Dios se hace el *réma* que Dios nos habla, tenemos fe y todo se aclara. Juan 6:63 dice: "Las palabras que Yo os he hablado son espíritu y son vida". ¿Tenían los judíos el *lógos* de Dios? Sí, lo tenían. Lo conocían muy bien y podían recitar perfectamente los mandamientos del Antiguo Testamento, pero no les servía para nada. Sólo las palabras que el Señor les hablaba eran espíritu y vida. Sólo *réma* es espíritu y vida.

Marcos 14:72 dice: "Y al instante el gallo cantó la segunda vez. Entonces Pedro se acordó de la palabra que Jesús le había dicho: Antes que el gallo cante dos veces, me negarás tres veces. Y pensando en esto, comenzó a llorar". Pedro se acordaba del *réma* que Jesús le había hablado. El *réma* es lo que le vino a la memoria. Mientras Pedro estaba mintiendo, el *réma* apareció repentinamente. La frase misma del Señor le vino a la memoria. *Réma* es la palabra que el Señor ha hablado, y ahora El la habla nuevamente.

En Lucas 1:38, María dijo: "He aquí la esclava del Señor; hágase conmigo conforme a tu palabra. Y el ángel se fue de ella". En este versículo, se usa *réma*. Esto no era solamente una palabra de profecía en Isaías 7:14: "He aquí, la virgen concebirá, y dará a luz un hijo", sino una palabra que el ángel habló de manera específica a María "Y he aquí, concebirás en tu vientre, y darás a luz a un hijo" (Lc. 1:31). Por haber oído eso, María recibió fuerza y todo se cumplió.

En Lucas 2:29 Simeón dijo: "Ahora, Soberano Señor, despides a Tu esclavo en paz, conforme a Tu palabra". En este versículo "palabra" es *réma*. Antes de la venida del Señor Jesús, Dios habló Su palabra a Simeón y le dijo que no vería la muerte hasta que viera al Cristo del Señor. Pero el día en que vio al Señor Jesús, Simeón dijo: "Ahora, Soberano Señor, despides a Tu esclavo en paz, conforme a Tu palabra". Simeón tenía *réma* del Señor. Esto no sucedió por cierto capítulo o versículo de la Biblia, sino que era conforme a la palabra que el Señor le había hablado en aquel día. El simple hecho de recibir la palabra de cierto capítulo y versículo de la Biblia no es suficiente. Sólo la palabra que el Señor nos habla resulta de alguna utilidad. El *réma* nos revela algo personal y directamente; nos muestra lo que debemos poner bajo la obra de la cruz y lo que debe ser quitado de nuestro ser para que seamos purificados. Debemos buscar de manera específica este asunto, porque nuestra vida cristiana se basa en este *réma*. ¿Qué palabra nos ha hablado realmente el Señor, y cómo nos la ha hablado? Debemos recordar que el cristianismo actual sigue siendo el cristianismo de la revelación personal. Si el Señor no habla dentro del hombre, eso no forma parte del cristianismo, ni tampoco del Nuevo Testamento.

Lucas 3:2 dice: "Durante el sumo sacerdocio de Anás y Caifás, vino palabra de Dios a Juan, hijo de Zacarías, en el desierto". En este versículo "palabra" es también *réma*.

Lucas 5:5 relata: "Respondiendo Simón, le dijo: Maestro, toda la noche hemos estado trabajando, y nada hemos pescado; mas confiado en Tu palabra echaré las redes". En este versículo, "palabra" era algo que el Señor habló en esa ocasión. Fue el Señor quien habló personalmente a Simón. Esto es *réma*. El Señor no habló en cierto versículo de cierto capítulo diciendo que Simón debía echar las redes. Si alguien intentara caminar sobre el mar por haber leído Mateo 14:29, se hundiría ciertamente. No es la palabra que el Señor está hablando hoy en día, aunque la habló en aquel día. Es cierto que lo hablado por Dios en el pasado y la palabra que El habla ahora llevan la misma autoridad; no han cambiado jamás. Pero éste es el punto importante: ¿Nos está hablando Dios esta misma palabra ahora?

Lucas 24:8 dice: "Entonces ellas se acordaron de Sus palabras" (*réma*). ¿Qué es *réma*? *Réma* es algo que el Señor ha hablado anteriormente y que El está hablando nuevamente ahora. En otras palabras, *réma* es la palabra que el Señor habla por segunda vez. Es algo viviente.

En Hechos 11:16 Pedro dijo: "Entonces me acordé de lo dicho por el Señor, cuando dijo: Juan bautizó en agua, mas vosotros seréis bautizados en el Espíritu Santo". Mientras

Pedro predicaba a la casa de Cornelio, el Espíritu del Señor cayó sobre ellos, y la palabra del Señor vino a Pedro. Pedro no intentó recordar la palabra de memoria; fue el Señor quien le dijo: "Juan bautizó en agua, pero vosotros seréis bautizados en el Espíritu Santo". Siempre valoramos mucho el hecho de que el Señor sigue hablando ahora. El no habló solamente en las Escrituras, ni habló solamente a Pablo y a Juan, sino que nos está hablando ahora. La palabra del Señor nunca se ha detenido. Cada vez que un obrero del Señor se levanta y habla por El, debe esperar el *réma*. Si el Señor no nos habla hoy, somos verdaderos fracasos. ¿Cuántas veces hemos predicado, sin que el Señor pronunciara una sola palabra? No había nada malo con el mensaje, pero contenía solamente la palabra general del Señor; no tenía ningún *réma*. El problema de la iglesia hoy en día es éste: carece de la palabra viviente del Señor, y en lugar de ella, contiene únicamente doctrinas muertas. Hace falta verdaderamente una comunicación directa de Dios. Todo lo que vemos es una predicación humana. ¡Cuán lamentable es el hecho de que tantas personas han muerto con buenas doctrinas! Que Dios tenga misericordia de nosotros y nos dé el *réma*. Que El nos hable personal y directamente hoy en día. Podemos avanzar y recibir el agua viva para suplir a los demás únicamente cuando recibimos el *réma*. Lo que necesitamos es el *réma*.

En el plan eterno de Dios, la iglesia no tiene pecado. La iglesia no tiene historia de pecado; es totalmente espiritual y procede completamente de Cristo. Pero ¿qué hay de la historia de la iglesia ahora? Sabemos que no ha sido completamente de Cristo, y mucho de su elemento ha sido terrenal. ¿De qué manera Cristo perfeccionará a la iglesia? El lo hará al purificarla por el lavamiento del agua en la palabra: el *réma*. Hemos mencionado anteriormente que el agua alude a la vida. Tipifica la vida liberada mediante el [1]aspecto no-redentor de la muerte de Cristo. Cristo está usando Su vida en Su palabra, Su *réma*, para purificarnos.

---

[1]Los dos aspectos de la muerte de Cristo son: (1) acabar con todo lo negativo, y (2) preparar todo lo positivo: todas las cosas en la vida de Cristo. Por tanto, la vida liberada mediante Su muerte no tiene como fin redimirnos. La redención es el aspecto negativo de la muerte de Cristo.

¿Qué significa el hecho de que Cristo nos purifique por Su vida y mediante Su palabra? Primero, debemos entender el problema de la iglesia desde el punto de vista de Dios. El defecto de la iglesia no consiste en haber recibido un Cristo demasiado pequeño, sino en tener demasiadas cosas que no son Cristo mismo. En la voluntad de Dios la iglesia en su totalidad procede de Cristo, no tiene ningún pecado, nada carnal y nada de la vida natural. Pero ¿cuál es nuestra condición actual? Cada uno de nosotros, los que verdaderamente pertenecemos a Cristo, tiene cierta porción asignada, la cual es única y totalmente Cristo mismo. Damos gracias a Dios por esta porción. Aparte de esta porción, seguimos teniendo muchas cosas que no son de Cristo. Debido a todas estas cosas extrañas necesitamos ser purificados.

¿Qué significa la purificación? Significa restar, y no sumar. Si la purificación significara añadir algo a nosotros, entonces sería un tinte. En Génesis 2, Eva no necesitaba ser purificada, porque tipificaba a la iglesia del plan eterno de Dios. Pero si consideramos que ahora nosotros no necesitamos la purificación, nos estamos engañando. Dios planea llevarnos al lugar donde la purificación no será necesaria, pero hoy seguimos necesitando la purificación.

¿Cómo nos purifica Dios? El lo hace con Su vida mediante Su propia palabra. A menudo no sabemos en qué aspecto debemos ser purificados. Pero un día la vida que está en nosotros no nos deja en paz. Poco después Su *réma* entra en nosotros y nos muestra que debemos ser depurados. Por una parte, la vida divina nos toca, y por otra, la Palabra nos dice. A veces, nos empeñamos en algo que parece bastante bueno según la doctrina, y podemos tener una buena razón para ello, pero en nuestro interior algo nos sigue tocando y no nos deja en paz. Finalmente, el Señor nos habla; viene el *réma,* la palabra poderosa del Señor. Nos dice que debemos ser purificados y lavados de cierto asunto. Por una parte, la vida divina opera en nosotros, y por otra, la palabra del Señor viene a nosotros. Así somos lavados. A veces, se cambia el orden. Al principio no sentimos nada al emprender una actividad determinada; de hecho, sentimos que todo está bien. Pero cuando viene el *réma,* primero la palabra del Señor nos habla, diciéndonos que este asunto en particular no está bien del todo, y luego la vida interior nos exige acabar con él. Esta es nuestra vida diaria. Puede ser que la vida del Señor no nos permita hacer nada, y luego la palabra venga, o que la palabra venga primero, y luego venga la vida exigiendo que acabemos con el asunto. Pero siempre la purificación del agua en la palabra es la que viene a nosotros para santificarnos.

Por consiguiente, todo el asunto de nuestro crecimiento y progreso depende de nuestra actitud hacia la vida divina y el *réma*. Si en nuestro ser surge cierto sentir interior procedente de la vida divina, jamás deberíamos ignorarlo. Debemos orar: "Señor, concédeme el *réma* para que sepa cómo solucionar la situación". Si el Señor empieza por darnos el *réma,* si nos habla primero, aún así necesitamos pedirle que nos suministre la vida divina requerida para solucionar este asunto. Si prestamos atención a estos asuntos y si no los tomamos a la ligera, el Señor nos purificará por el lavamiento del agua en la palabra para santificarnos.

Delante del Señor, éste es el significado de que la iglesia purificada por el lavamiento del agua: la vida de Cristo elimina con todo lo que no procede de Cristo. La vida natural y todo lo que no viene de Cristo debe ser depurado. La santificación puede venir únicamente después de la purificación, y la base de la purificación es la palabra del Señor, el *réma.* Si no conocemos la palabra del Señor, no podremos ser purificados y santificados. Desde el día en que recibimos a Cristo, ¿de dónde ha venido nuestro conocimiento? ¿Ha venido de una fuente exterior o interior? ¿Entendemos la voluntad de Dios desde nuestro interior, o sigue siendo Su voluntad algo que es exterior a nosotros? Muchas dificultades tienen su raíz en este asunto: que carecemos del conocimiento de la palabra de Dios. El Cuerpo de Cristo no puede ser edificado porque lo que tenemos es exterior, y no interior. El fundamento de la fe cristiana depende del hablar del Señor. El crecimiento de la iglesia también depende de las palabras que el Señor nos habla. Por lo tanto, el punto central de nuestras oraciones debe ser nuestro anhelo de recibir el hablar del Señor. ¡Oh, que el Señor nos hable! La palabra que el Señor nos habla nos permite alcanzar el propósito eterno de Dios. Hoy en día la iglesia no se parece a Eva en

Génesis 2, porque la iglesia ha caído. Por tanto, el Señor debe purificarnos por el lavamiento del agua en la palabra.

La iglesia que es conforme a la voluntad de Dios y la iglesia en experiencia son dos cosas completamente distintas. La iglesia en el plan de Dios no tiene ningún pecado, ni historia de pecado; no ha conocido jamás el pecado. Trasciende más allá del pecado, y no tiene ni siquiera traza de pecado. Es completamente espiritual y procede enteramente de Cristo. No obstante, en la historia la iglesia ha fracasado y caído. Ahora el Señor está obrando entre los hombres caídos para volverlos a la iglesia de Su voluntad original. El Señor desea obrar entre la gente caída, corrupta y desolada, llena de pecados e inmundicia, para obtener una iglesia de en medio de ellos. El quiere restaurarlos y recobrarlos para lo que El se propuso en la eternidad pasada, para que El tenga lo que satisface Su deseo en la eternidad futura. En Su obra magnífica, el Señor usa las palabras que El habla como instrumento para volver la iglesia al propósito original de Dios. Oh, que no estimemos a la ligera las palabras del Señor.

Debemos recordar que el conocimiento es una cosa y otra cosa bastante diferente es la estatura espiritual. Toda doctrina, enseñanza, teología y conocimiento es de poca utilidad si sólo fluye de una persona a otra. El verdadero crecimiento depende de que recibamos la palabra directamente del Señor. Dios usa Su *réma* para llevar a cabo Su obra, y El desea hablarnos. Por consiguiente, si al leer las Escrituras, nuestro propósito consiste únicamente en conseguir conocimiento, es verdaderamente una lástima. Si éste es el caso, estamos acabados. El verdadero valor de las Escrituras es éste: Dios puede hablar al hombre por medio de ellas. Si deseamos ser útiles en las manos del Señor, El nos debe hablar. Nuestra edificación espiritual depende de que el Señor nos hable o no. El conocimiento y las doctrinas no tienen ninguna utilidad espiritual. El único valor espiritual es el hablar del Señor en nosotros.

¿Cómo podremos estar satisfechos con el conocimiento y las doctrinas mientras la iglesia se encuentra en una condición caída, cuando ha faltado a Dios y está ciega con respecto a Su voluntad? ¡Que Dios nos conceda misericordia y gracia! Que oremos así: "Señor te pedimos que nos hables". Todo lo que viene de afuera, las palabras que nos fueron dadas por los demás, aun cuando fueron pronunciadas miles de veces, no tienen ninguna utilidad. Sólo el *réma* tiene valor. Si hacemos algo simplemente porque los demás nos piden hacerlo, estamos observando la ley, y no estamos en el Nuevo Testamento. Una persona de mente clara puede dividir el libro de Romanos en secciones, tales como "salvación", "justificación", etc. Pero en su interior, hay una gran deficiencia: Dios no le ha hablado. Un hombre puede tener conocimiento y al mismo tiempo no tener la palabra de Dios. Muchas personas piensan que conocer las Escrituras y entender las doctrinas constituye la espiritualidad. ¡No es cierto! El conocimiento bíblico nunca podrá sustituir la espiritualidad. El verdadero valor es el hablar personal y directo de Dios en nosotros. Cuando Dios nos habla mediante Su palabra, somos iluminados; mediante Su palabra somos santificados, y mediante Su palabra crecemos. Debemos distinguir entre lo muerto y lo vivo, entre el simple conocimiento y lo espiritual. Lo que no es viviente no tiene ningún valor espiritual. Si tenemos el *réma,* la palabra viva de Dios, podemos ser purificados y santificados.

### "LA IGLESIA ... GLORIOSA"

¿Cuál es el propósito de Dios en Su obra de purificación y santificación? Consiste en que un día "El se presente a Sí mismo una iglesia gloriosa" (Ef. 5:27). Cristo está esperando que la iglesia esté preparada y le sea presentada. "La iglesia ... gloriosa" en el idioma original significa que la iglesia es introducida en la gloria. En otras palabras, la iglesia se vestirá de gloria. Efesios 4 afirma que la iglesia llegará a la unidad de la fe y a la medida de la estatura de la plenitud de Cristo (v. 13). Luego el capítulo cinco dice que la iglesia será vestida de gloria para ser presentada a Cristo. Dios quiere llevar a toda la iglesia a esta condición. ¡Esto es realmente muy importante! Cuando miramos la condición actual de la iglesia, decimos: "¿Cómo puede ser eso?" Incluso quizá dudemos de la intención de Dios, pero el Señor sí está obrando. Un día la iglesia llegará a la unidad de la fe, a la medida de la estatura de la plenitud de Cristo; será vestida con gloria y presentada a Cristo. Esto es lo que el Señor desea y logrará. Es también lo que deseamos y lograremos.

Esta iglesia gloriosa no tendrá mancha ni arruga ni cosa semejante, sino que será santa y sin defecto (5:27). El Señor nos purificará de tal manera que la iglesia parecerá no haber tenido jamás manchas ni defectos. Aparentemente, la iglesia nunca habrá cometido pecado, y tampoco se encontrará un rastro de pecado en ella. Ella no tiene ninguna mancha, ni arruga tampoco. Todos sabemos que los niños y los jóvenes no tienen ninguna arruga. Cuando una persona empieza a tener arrugas, significa que envejece. El Señor quiere llevar a la iglesia a la etapa donde no haya nada viejo, nada del pasado. El quiere que en la iglesia todo sea nuevo. Cuando la iglesia esté delante del Señor, aparentemente no tendrá pecado ni historia de pecado. Será sin mancha ni arruga. En el futuro la iglesia será conforme al propósito de Dios en la creación.

La iglesia no tendrá ninguna mancha, ni arruga, ni siquiera "cosa semejante". En la traducción del griego, podemos leer: "Esta o tal clase de defectos". No tendrá mancha ni arruga, ni siquiera defecto alguno; todos los defectos habrán desaparecido. Llegará el día cuando la obra de Dios sobre la iglesia será tal que ella será totalmente gloriosa.

Además, será "santa y sin mancha". Según el significado en el griego, podríamos leer: "para que fuese santa y sin mancha". Dios elevará a la iglesia a un lugar donde no se podrá decir nada en contra de ella. El mundo no tendrá nada que decir; tampoco Satanás, ni nadie, ni siquiera Dios. En aquel día, cuando la iglesia sea tan gloriosa, será la Esposa de Cristo.

Debemos ver claramente estos dos asuntos. Primero, hoy en día somos el propio Cuerpo de Cristo. Como Cuerpo Suyo, Cristo nos depura y nos prepara para ser la iglesia que Dios busca desde la eternidad. Segundo, a su debido tiempo, Cristo vendrá y seremos introducidos en Su presencia para ser presentados como una iglesia gloriosa, Su esposa. Por consiguiente, primero tenemos la historia del Cuerpo de Cristo sobre la tierra, y luego en gloria tenemos la historia de la esposa. Ahora estamos siendo purificados. Ahora necesitamos el *réma*. Los cristianos que nunca han recibido la revelación directa están atrasando la obra de Dios. Si nunca hemos oído el hablar del Señor en nosotros, estamos impidiendo el derramamiento de la gracia del Señor. Que Dios nos conceda misericordia para que no retrasemos Su obra. Más bien, que seamos los que lo escuchen y vayan adelante para que la iglesia sea elevada a la posición de Esposa de Cristo.

## LA OBRA Y RESPONSABILIDAD DE LA IGLESIA DELANTE DE DIOS

La Epístola a los Efesios revela a la iglesia que Dios, en la eternidad, se propuso obtener. El capítulo cinco relata que la iglesia será gloriosa, sin mancha ni arruga ni cosa semejante, y que será santa y sin defecto. Luego el capítulo seis habla de la obra práctica de la iglesia, de la guerra espiritual. Cuando leemos Efesios 6:10-12, nos damos cuenta de que la obra y la responsabilidad de la iglesia constituyen una guerra espiritual. En esta guerra espiritual, los enemigos no son la carne y la sangre, sino entidades espirituales que viven en el aire. Leamos los versículos 13 y 14. "Por tanto, tomad toda la armadura de Dios, para que podáis resistir en el día malo, y habiendo acabado todo, estar firmes. Estad, pues, firmes". Aquí vemos que debemos estar firmes, y no atacar. La guerra espiritual es defensiva; no es ofensiva porque el Señor Jesús ya peleó la batalla y ganó la victoria. La obra de la iglesia en la tierra consiste simplemente en mantener la victoria del Señor. El Señor ya ganó la batalla, y la iglesia está aquí para mantener Su victoria. La obra de la iglesia no consiste en vencer al diablo, sino en resistir a aquel que ya fue vencido por el Señor. La iglesia no obra para atar al hombre fuerte, pues ya ha sido atado. Su obra consiste en no permitir que sea desatado. No se necesita atacar; estar firmes es suficiente. El punto de partida de la guerra espiritual consiste en mantenernos firmes sobre la victoria de Cristo; es ver que Cristo ya venció. No se trata de hacerle algo a Satanás, sino de confiar en el Señor. No se trata de esperar que ganemos la victoria, porque la victoria ya fue ganada. El diablo no puede hacer nada.

La guerra espiritual es la obra y la responsabilidad de la iglesia. Es el conflicto entre la autoridad de Dios y el poder de Satanás. Llegamos ahora a ver la relación entre la iglesia y el reino de Dios.

Algunas personas piensan que el reino de Dios trata simplemente de galardones. Esta es una visión muy deficiente del reino de Dios. El Señor Jesús explicó una vez lo que es el reino de Dios. El dijo: "Pero si Yo por el Espíritu de Dios echo fuera los demonios, entonces ha llegado a vosotros el reino de Dios" (Mt. 12:28). ¿Qué es el reino de Dios? Es el derrocamiento del poder de Satanás por medio del poder de Dios. Cuando el diablo no puede mantenerse en un lugar, el reino ha llegado a ese sitio. Donde el diablo ha sido echado, donde la obra del enemigo ha sido desplazada por el poder de Dios, Su reino está allí.

Leamos Apocalipsis 12:9-10: "Y fue arrojado el gran dragón, la serpiente antigua, que se llama el diablo y Satanás, el cual engaña a toda la tierra habitada; fue arrojado a la tierra, y sus ángeles fueron arrojados con él. Entonces oí una gran voz en el cielo, que decía: Ahora ha venido la salvación, el poder, y el reino de nuestro Dios, y la autoridad de Su Cristo; porque ha sido arrojado el acusador de nuestros hermanos, el que los acusa delante de nuestro Dios día y noche". Debemos prestar atención a la palabra "porque" en el versículo 10. El reino de Dios podía venir, "porque" Satanás fue arrojado. Satanás perdió su lugar y no pudo seguir firme allí. En aquel tiempo hubo una gran voz en el cielo, que decía: "Ahora ha venido la salvación, el poder, y el reino de nuestro Dios, y la autoridad de Su Cristo". Cada vez que Satanás abandona un lugar, es porque el reino de Dios está allí. Dondequiera que esté el reino de Dios, no puede permanecer allí Satanás. Esto nos muestra claramente que en las Escrituras, el primer significado del reino de Dios y lo esencial está relacionado con el hecho de echar a Satanás.

Cuando los fariseos preguntaron cuándo había de venir el reino de Dios, el Señor Jesús les contestó: "El reino de Dios no vendrá de modo que pueda observarse, ni dirán: helo aquí, o helo allí; porque he aquí el reino de Dios está entre vosotros" (Lc. 17:20-21). ¿Qué quería decir el Señor cuando dijo: "El reino de Dios está entre vosotros"? El quería decir: "Yo estoy aquí". Por supuesto, todos sabemos que el reino de Dios no podía estar dentro de los fariseos. En aquel día el reino de Dios estaba entre ellos porque el Señor Jesús estaba entre ellos. Cuando El estaba allí, Satanás no podía estar allí. El Señor Jesús dijo: "El príncipe de este mundo viene, y él nada tiene en Mí" (Jn. 14:30). Dondequiera que esté el Señor Jesús, Satanás debe marcharse. En Lucas 4 vemos a un hombre poseído por un demonio. ¿Cómo reaccionó el demonio cuando vio al Señor? Antes de que el Señor dijera algo para echar al demonio, éste gritó: "¡Ah! ¿Qué tenemos nosotros que ver contigo, Jesús nazareno? ¿Has venido para destruirnos?" (v. 34). Dondequiera que esté el Señor, los demonios no pueden estar allí. La presencia misma del Señor Jesús representa al reino de Dios, y El es el reino de Dios. Donde El está, está también el reino de Dios.

¿Qué tiene que ver eso con nosotros? Leamos Apocalipsis 1:5-6: "Al que nos ama, y nos liberó de nuestros pecados con Su sangre, e hizo de nosotros un reino, sacerdotes para Su Dios y Padre; a El sea gloria e imperio por los siglos de los siglos. Amén". Observe la palabra "reino" en el versículo 6. Nos muestra que el reino de Dios está no solamente donde se encuentra el Señor Jesús, sino también donde está la iglesia. El Señor Jesús representa al reino de Dios, y la iglesia también representa al reino de Dios. El punto importante aquí no tiene nada que ver con una recompensa futura o una posición en el reino, que sea grande o pequeña, elevada o baja. Estas cosas no son primordiales. Lo imprescindible es esto: Dios quiere que la iglesia represente a Su reino.

La obra de la iglesia en la tierra consiste en traer el reino de Dios. Toda la obra de la iglesia está gobernada por el principio del reino de Dios. La salvación de las almas se encuentra incluida en este principio, así como lo son el echar fuera demonios y todas las demás obras. Todo debería estar gobernado por el principio del reino de Dios. ¿Por qué debemos ganar almas? Por el bien del reino de Dios, y no solamente porque el hombre necesita la salvación. Debemos estar firmes en la posición del reino de Dios cada vez que obramos, y debemos aplicar el reino de Dios para derrocar el poder de Satanás.

El Señor desea que oremos: "Padre nuestro que estás en los cielos, santificado sea Tu nombre. Venga Tu reino. Hágase Tu voluntad, como en el cielo, así también en la tierra" (Mt.

6:9-10). Si la venida del reino de Dios fuese automática, el Señor jamás nos habría enseñando a orar así. Pero el Señor nos pidió que orásemos de esta manera, lo cual indica simplemente que El nos mostró que ésta es la obra de la iglesia. Sí, la iglesia debe predicar el evangelio, pero aún más, la iglesia debe orar para traer el reino de Dios. Algunas personas piensan que el reino de Dios vendrá automáticamente, sea que oremos o no. Pero si conocemos a Dios, nunca diremos eso. El principio de la obra de Dios consiste en esperar que Su pueblo actúe. Entonces El actuará.

Dios dijo a Abraham que el pueblo de Israel había de salir de la nación que los afligía. No obstante, esto se cumplió cuatrocientos treinta años más tarde. Cuando los israelitas clamaron a Dios, El escuchó su llanto y vino a liberarlos. Nunca piense que las cosas sucederán de todos modos, ya que clamemos o no. Dios necesita que el hombre coopere con El en Su obra. Cuando el pueblo de Dios actúa, El actúa también. Cuando el pueblo de Dios vio que debían irse de Egipto (aunque no todos los israelitas vieron eso; algunos sí lo vieron), gritaron a Dios, y El tomó acción para liberarlos.

Incluso el nacimiento del Señor Jesús fue el resultado de la cooperación entre algunos del pueblo de Dios y Dios mismo. En Jerusalén algunos estaban buscando continuamente el consuelo de Israel. Esta es la razón por la cual nació el Señor. Aunque el propósito de Dios consiste en traer Su reino, Su parte no es suficiente. El necesita que la iglesia obre con El. Mediante la oración, la iglesia debe liberar el poder del reino de Dios sobre la tierra. Cuando venga el Señor, el reinado sobre el mundo pasará a nuestro Señor y a Su Cristo (Ap. 11:15).

Puesto que la obra de la iglesia consiste en estar firmes por Dios y no dejar ningún terreno a Satanás, ¿qué clase de vivir debemos mantener para cumplir esta tarea? Debemos confesar todos nuestros pecados e iniquidades, debemos consagrarnos incondicionalmente a Dios, y debemos poner fin a nuestra vida anímica y a nuestra vida natural. En la guerra espiritual, la habilidad de la carne es totalmente inútil. El "yo" no puede resistir a Satanás. ¡El "yo" debe irse! Cada vez que el "yo" desaparece, entra el Señor Jesús. Cada vez que el "yo" entra, hay fracaso. Cada vez que el Señor entra, hay victoria. Satanás reconoce a una sola persona: al Señor Jesús. Nosotros no podemos resistir a Satanás. Los dardos encendidos de Satanás pueden entrar en nuestra carne, pero, alabado sea Dios, podemos vestirnos con Cristo, quien ha ganado la victoria.

Creemos que Cristo volverá. Pero no creemos que el Señor Jesús vendrá automáticamente si nos quedamos sentados y esperando pasivamente. No, hay una obra que la iglesia debe hacer. Como Cuerpo de Cristo, debemos aprender a trabajar juntamente con Dios. No deberíamos pensar que ser salvos es suficiente. Debemos preocuparnos por la necesidad de Dios. La caída del hombre tiene dos consecuencias: la primera es el problema de la responsabilidad moral del hombre, y la otra es la usurpación de la autoridad en la tierra por parte de Satanás. Por una parte, el hombre perdió algo, pero por otra, Dios también sufrió pérdida. La redención soluciona el problema de la responsabilidad moral del hombre y de la pérdida del hombre, pero aún no se ha resuelto la pérdida que Dios ha sufrido. La pérdida de Dios no puede ser restaurada mediante la redención; puede ser restaurada solamente por el reino. La responsabilidad moral del hombre fue solucionada por la cruz, pero el problema de la autoridad de Satanás debe ser solucionado por el reino. El propósito directo de la redención concierne al hombre, mientras que el propósito directo del reino consiste en acabar con Satanás. La redención ha ganado lo que el hombre perdió; el reino destruirá lo que Satanás ganó.

El hombre recibió originalmente la responsabilidad de derrocar la autoridad de Satanás, pero el hombre cayó, dejándole a Satanás la autoridad. El hombre mismo vino a estar sujeto a él. Satanás se convirtió en el hombre fuerte, y el hombre vino a ser sus bienes (Mt. 12:29). Esta situación exige que el reino lo derroque. Si el reino no existiera, entonces la obra de Satanás no podría ser derribada debido a la caída del hombre.

El cielo nuevo y la tierra nueva no aparecieron inmediatamente después de que se cumplió la redención porque el problema de Satanás todavía no se había solucionado. Antes de la venida del cielo nuevo y de la tierra nueva, primero debe venir el reino. Apocalipsis 11:15 dice: "El reinado sobre el mundo ha pasado a nuestro Señor y a Su Cristo; y El reinará por los siglos de los siglos". Cuando viene el reino, se introduce la eternidad. El reino conecta con la eternidad. Podemos decir que el reino es la introducción al cielo nuevo y la tierra nueva. Apocalipsis 21 y 22 nos muestran que el cielo nuevo y la tierra nueva aparecerán después del reino. Isaías 65 describe el reino como el cielo nuevo y la tierra nueva. Esto significa que Isaías veía al reino como la introducción al cielo nuevo y la tierra nueva. Por consiguiente, cuando el reino comienza, el cielo nuevo y la tierra nueva empiezan también.

Que Dios abra nuestros ojos para que no nos consideremos como el centro. ¿Por qué hemos sido salvos? ¿Sólo para no ir al infierno? No, esto no es el centro. ¿Por qué, pues, nos quiere salvar Cristo? Podemos responder a esta pregunta desde dos perspectivas diferentes: desde el punto de vista del hombre y desde la perspectiva de Dios. Cuando vemos la misma cosa desde dos ángulos, se aprecia en una luz diferente. No deberíamos considerar solamente este asunto desde el punto de vista humano. Debemos verlo desde la perspectiva de Dios. De hecho, el recobro de lo que perdió el hombre sirve para recobrar lo que perdió Dios. La pérdida de Dios tiene que ser recobrada por medio del reino. Hoy en día Dios nos hace partícipes de la victoria del Señor Jesús. Dondequiera que se exhiba la victoria del Señor Jesús, Satanás debe marcharse. Sólo debemos mantenernos firmes porque el Señor Jesús ya ganó la victoria. En Su obra redentora, el Señor Jesús destruyó todo el terreno legal del diablo. Todo el reinado legal de Satanás fue llevado a su fin mediante la redención. La redención fue la sentencia por la cual Satanás fue desprovisto de su posición legal. Ahora la iglesia tiene la responsabilidad de ejecutar esta sentencia. Cuando Dios vea que la iglesia haya cumplido esta tarea de manera satisfactoria, vendrá el reino, y después vendrán el cielo nuevo y la tierra nueva. En el libro de Isaías el cielo nuevo y la tierra nueva conducen al cielo nuevo y la tierra nueva de Apocalipsis.

Ahora estamos a medio camino entre la redención y el reino. Cuando miramos atrás, vemos la redención; cuando miramos adelante, vemos el reino. Nuestra responsabilidad es doble. Por una parte, debemos conducir a la gente del mundo a la salvación, y por otra, debemos estar firmes para el reino. Oh, que tengamos esta visión y veamos la responsabilidad que Dios le encomendó a la iglesia. Recapitulemos lo que es el reino de Dios. El reino de Dios es la esfera en la cual Dios ejerce Su autoridad. Debemos tener este reino entre nosotros. Mientras permitimos que Dios ejerza Su autoridad en los cielos, también debemos permitir que ejerza Su autoridad sobre nosotros. Dios debe tener Su autoridad, Su poder y Su gloria entre nosotros. No debemos buscar solamente vivir delante de Dios conforme a Efesios 5, sino que también debemos proceder de acuerdo con la responsabilidad que Efesios 6 nos revela. Entonces tendremos no solamente una iglesia gloriosa, santa, y sin mancha, sino que también seremos los que habrán cooperado con Dios para traer Su reino y hacer que Satanás sufra pérdida en esta tierra.

## CAPITULO CUATRO

## "Y ELLA DIO A LUZ UN HIJO VARON"

Ya vimos a la mujer en Génesis 2 y cómo evoca al hombre que Dios, en Su voluntad eterna, desea obtener para glorificar Su nombre. Luego en Efesios 5 vimos otra mujer, la cual es la realidad de la mujer de Génesis 2. Esta mujer muestra cómo Dios obra, después de la caída del hombre, para restaurar todas las cosas y volverlas a Su propósito original. Ahora consideremos a otra mujer en Apocalipsis 12, con relación a la mujer de Génesis 2.

El libro de Apocalipsis revela las cosas del fin de la era presente. Contiene veintidós capítulos, pero al final del capítulo once, vemos que todo está terminado. Leamos Apocalipsis 10:7: "Sino que en los días de la voz del séptimo ángel, cuando él esté por tocar la trompeta, el misterio de Dios se consumará". En el capítulo once, donde vemos que el séptimo ángel toca la trompeta, es consumado plenamente todo lo relacionado con Dios y Su misterio. El versículo 15 dice: "El séptimo ángel tocó la trompeta, y hubo grandes voces en el cielo, que decían: El reinado sobre el mundo ha pasado a nuestro Señor y a Su Cristo; y El reinará por los siglos de los siglos". Esto significa que cuando el séptimo ángel toque la trompeta, ya se habrá iniciado la eternidad. En este versículo quedan implícitos el milenio, el cielo nuevo y la tierra nueva, así como todo lo que concierne a la eternidad. Entonces, ¿por qué siguen once capítulos más después de los primeros once capítulos? Nuestra respuesta es ésta: los once capítulos siguientes sirven de suplemento a los primeros once capítulos. A partir del capítulo doce, se nos dice *cómo* el reinado sobre este mundo pasará a nuestro Señor y a Su Cristo y *cómo* Dios hará a Su Hijo Rey para siempre.

Cuando el séptimo ángel toca la trompeta, como vemos en Apocalipsis 11:19, sucede algo: "Y fue abierto el templo de Dios que está en el cielo, y el arca de Su pacto se veía en Su templo. Y hubo relámpagos, voces, truenos, un terremoto y grande granizo". El libro de Apocalipsis contiene muchas visiones, pero hay dos visiones centrales que sirven de base a todas las demás. La primera es la visión del trono (Ap. 4:2). Todas las visiones contenidas en los capítulos del cuatro al once, donde vemos al séptimo ángel tocar la trompeta, se basan en el trono. La segunda es la visión del templo (Ap. 11:19). Desde el capítulo doce hasta el final del libro, todas las visiones se basan en el templo de Dios.

En el capítulo cuatro, Juan tuvo una visión del trono de Dios con un arco iris alrededor. Esto significa que a partir de este capítulo, todo se basa en la autoridad del trono y el recuerdo del pacto que Dios hizo con todos los seres vivientes que estaban sobre la tierra. El arco iris es la señal del pacto que Dios ha hecho con todos los seres vivientes. Ahora no podemos ver un arco iris completo. Todo lo que podemos ver, cuando mucho, es la mitad. Pero sí existe un arco iris que rodea todo el trono. Es completo; no está interrumpido. Dios es fiel; El recordará y guardará Su pacto. Dios se acordará del pacto que hizo con todos los seres vivientes de la tierra. En todos los tratos que Dios tiene con el hombre, El debe acatar el pacto que hizo.

Al final del capítulo once, Juan recibió otra visión: la visión del templo de Dios. Dentro del templo se podía ver el arca del pacto. Originalmente Dios pidió a los israelitas que construyeran el arca conforme al modelo dado en el monte y que pusieran el arca dentro del Lugar Santísimo en el tabernáculo. Más tarde, cuando Salomón construyó el templo, el arca fue colocada allí. Cuando Israel fue llevado cautivo a Babilonia, el arca se perdió. Sin embargo, aunque se perdió el arca en la tierra, el arca en el cielo todavía permanecía. El arca en la tierra fue hecha conforme al arca en el cielo. Desapareció la sombra en la tierra, pero la sustancia, la realidad, en el cielo todavía permanece. Al final de Apocalipsis 11, Dios nos muestra nuevamente el arca.

¿Qué es el arca? El arca es la expresión de Dios mismo. Ella significa que Dios debe ser fiel a Sí mismo. El trono es el

lugar donde Dios ejerce Su autoridad, y el templo es el lugar
donde Dios mora. El trono es algo exterior dirigido hacia el
mundo y la humanidad, pero el templo es algo para Dios mismo.
El arco iris alrededor del trono significa que Dios no perjudi-
cará al hombre, mientras que el arca en el templo significa
que Dios no hará nada que no esté a Su nivel. Dios tiene que
cumplir lo que se ha propuesto. Dios es poderoso para lograr
exitosamente lo que desear llevar a cabo. El arca no estaba
destinada solamente para el hombre, sino para Dios también.
Dios no puede negarse a Sí mismo; no se puede contradecir.
En la eternidad Dios se propuso obtener un pueblo glorificado,
y El determinó que el reinado de este mundo pasaría a nuestro
Señor y a Su Cristo. Cuando vemos la situación de la iglesia hoy
en día, no podemos evitar esta pregunta: "¿Cómo puede Dios
cumplir Su propósito?" No obstante, sabemos que Dios nunca
se quedará a mitad de camino. El tiene el arca, y El mismo
hizo el pacto. El Dios justo no puede ser injusto con el hombre.
Además, el Dios justo nunca podría ser injusto consigo mismo.
El hombre no hace nada para contradecirse, porque tiene su
propio carácter. Dios tampoco puede negarse a Sí mismo en Su
obra debido a Su propio carácter. Cuando Dios nos reveló
Su arca, nos quiso mostrar que El tiene que cumplir Su deseo.

Aquí debemos ver un solo punto. ¿Cuál es la base sobre la
cual Dios y Su Cristo reinarán para siempre? ¿Cuál es la base
sobre la cual Dios hará que el reinado de este mundo pase a
nuestro Señor y a Su Cristo? La base es Su carácter. Dios
cumplirá todas estas cosas debido a Su propio carácter. Nada
podrá impedírselo. Debemos aprender que todo lo que viene
de Dios nunca podrá ser frustrado. El arca todavía permanece, y representa a Dios mismo y a Su pacto. Dios cumplirá
este asunto por Sí mismo. Damos gracias a Dios porque desde
el capítulo doce hasta el final del libro, se nos muestra cómo
Dios cumplirá todo lo que El se ha propuesto en la eternidad
mediante Su propia fidelidad.

### LA MUJER EN LA VISION

Apocalipsis 12:1 dice: "Apareció en el cielo una gran señal:
una mujer vestida del sol, con la luna debajo de sus pies, y
sobre su cabeza una corona de doce estrellas". ¿Quién es la

mujer descrita en este versículo? Entre los estudiantes de la Biblia ha habido mucha controversia en cuanto a esta mujer. Algunos afirmaron que representa a María, la madre del Señor Jesús. Otros dijeron que representa a la nación de Israel. No obstante, las Escrituras muestran que esta mujer no puede ser ni María, la madre del Señor, ni la nación de Israel. Lo siguiente explica el por qué:

(1) Puesto que esta visión es revelada en los cielos, esta mujer pertenece totalmente a los cielos. Ni María ni la nación de Israel tienen esta posición.

(2) Después de que esta mujer da a luz un hijo varón, huye al desierto. Si comparamos a esta mujer con la nación de Israel, al hijo varón con Cristo, y el hecho de que el hijo varón sea arrebatado a la ascensión de Cristo, vemos que esto no corresponde a los hechos reales. Aunque la nación de Israel fue esparcida, su huida al desierto no fue el resultado de la ascensión de Cristo. Cuando Cristo ascendió, Israel ya llevaba tiempo en la dispersión, y había dejado de ser una nación. Pero aquí vemos que la mujer huye al desierto después de que el hijo varón es arrebatado a Dios. La nación de Israel había desaparecido mucho tiempo antes de la ascensión de Cristo. Por consiguiente, es imposible que esta mujer evoque a la nación de Israel, mucho menos a María.

(3) Mientras esta mujer estaba sufriendo dolores de parto dando a luz el hijo varón, se encontró con un dragón. Este dragón tenía siete cabezas y diez cuernos. El capítulo diecisiete nos dice que estas siete cabezas representaban siete reyes: cinco habían caído, uno existía todavía, y el otro habría de venir. Los diez cuernos son diez reyes que todavía no habían recibido un reino; se levantarán más tarde. Sabemos que estos acontecimientos históricos no sucedieron antes de la ascensión de Cristo. Por consiguiente, esta mujer y el hijo varón deben de simbolizar algo que ha de venir. Si decimos que esta mujer representa a la nación de Israel o a María y que el hijo varón representa al Señor Jesús, contradecimos la historia.

(4) Después del arrebatamiento del hijo varón, hubo guerra en el cielo, y Satanás fue echado a la tierra. Entonces se proclamó en el cielo: "Ahora ha venido la salvación,

el poder, y el reino de nuestro Dios, y la autoridad de Su Cristo; porque ha sido arrojado el acusador de nuestros hermanos, el que los acusa delante de nuestro Dios día y noche" (Ap. 12:10). Sabemos que esto todavía no se ha cumplido. Efesios 6 nos revela que la iglesia en la tierra debe seguir luchando contra los principados, potestades y fuerzas espirituales en las regiones celestiales. Satanás está allí todavía. Por no haberse cumplido esta porción de las Escrituras, no puede referirse al tiempo de Jesús.

(5) Cuando el dragón fue echado a la tierra, persiguió a la mujer que dio a luz el hijo varón. Muchas personas se basan en esto para decir que la mujer es María. Es verdad que María, después de dar a luz al Señor Jesús, huyó a Egipto; no obstante, no lo hizo durante la ascensión del Señor. Los versículos del 14 al 16 dicen: "Y se le dieron a la mujer las dos alas de la gran águila, para que volase de delante de la serpiente al desierto, a su lugar, donde será sustentada por un tiempo, y tiempos, y la mitad de un tiempo. Y la serpiente arrojó de su boca, tras la mujer, agua como un río, para que fuese arrastrada por la corriente. Pero la tierra ayudó a la mujer, pues la tierra abrió su boca y tragó el río que el dragón había echado de su boca". Las teorías según las cuales esta mujer se refiere a María o a la nación de Israel no tienen fundamento, porque la historia muestra que nada de eso sucedió cuando Cristo ascendió al cielo. Por consiguiente, esta mujer no puede ser una alusión a María o a la nación de Israel.

(6) Existe otra prueba. El versículo 17 dice: "Entonces el dragón se llenó de ira contra la mujer; y se fue a hacer guerra contra el resto de la descendencia de ella, los que guardan los mandamientos de Dios y tienen el testimonio de Jesús". Después de que el hijo varón, quien nació de la mujer, fue arrebatado al trono, todavía había sobre la tierra un remanente de la descendencia de la mujer. No podía ser María. Además, este remanente guarda los mandamientos de Dios y tiene el testimonio de Jesús. Podemos decir que la nación de Israel guardó los mandamientos de Dios, pero decir que tenía el testimonio de Jesús equivaldría a mezclar el Antiguo Testamento con el Nuevo. En conclusión, esta mujer no podía ser María ni tampoco la nación de Israel.

Entonces, ¿quién es esta mujer? El Antiguo Testamento muestra que una sola mujer se encontró con la serpiente: ésta fue Eva en Génesis 3. También en el Nuevo Testamento hay una sola mujer que se enfrenta a la serpiente. Aquí vemos la correspondencia y correlación de las Escrituras, el principio con el fin. Además, Dios señala específicamente que el gran dragón es la serpiente antigua. Esto significa que El se refiere a la serpiente mencionada anteriormente. Dios aclara que se trata de esa única serpiente antigua. Se pone énfasis en la palabra "la", *la* serpiente antigua. Por tanto, la mujer mencionada en este versículo debe ser también esa mujer.

En el mismo principio, el sol, la luna y las estrellas mencionados en Génesis 1 también son mencionados en Apocalipsis 12. Así como la serpiente estaba en Génesis 3, está aquí también. La simiente de la mujer mencionada en Génesis 3 también se menciona aquí. Además, los dolores de parto se mencionan en Génesis 3 y aquí también. Si juntamos estas dos porciones de las Escrituras, podremos ver claramente que la mujer en Apocalipsis 12 es la mujer que Dios se propuso conseguir en Su voluntad eterna. Todo lo que le sucederá al final de la era presente queda claramente explicado aquí. La mujer de Génesis 2 indica el propósito eterno de Dios; la mujer de Efesios 5 habla de la posición y del futuro de la iglesia; y la mujer de Apocalipsis 12 revela las cosas que han de suceder al final de esta era. Aparte de estas tres mujeres, vemos otra mujer que nos muestra las cosas de la eternidad.

Cuando la mujer apareció en la visión, las Escrituras primero señalaron que ella estaba "vestida del sol, con la luna debajo de sus pies, y sobre su cabeza una corona de doce estrellas" (12:1). Estos hechos son muy significativos con relación a las edades.

(1) La mujer estaba vestida del sol. El sol se refiere al Señor Jesús. El hecho de que esté vestida del sol significa que cuando el sol está en su cenit, resplandece sobre ella. En esta era, Dios se revela por medio de ella. Esto indica la relación que ella tiene con Cristo y con la era de la gracia.

(2) La mujer tenía la luna debajo de sus pies. Esta expresión "debajo de sus pies" no significa que la esté pisoteando. Según el griego, significa que la luna está sometida a sus pies.

La luz de la luna es el reflejo de una luz; no tiene su propia luz. Todas las cosas pertenecientes a la era de la ley reflejaban simplemente las cosas que se encuentran en la era de la gracia. La ley sólo era un tipo. El templo y el arca eran tipos también. El incienso, el pan de la proposición en el Lugar Santo y los sacrificios ofrecidos por los sacerdotes eran tipos, así como la sangre de las ovejas y de los bueyes. La luna debajo de los pies de la mujer significa que todas las cosas de la ley están sometidas a la mujer. Esto indica la relación que ella tiene con la era de la ley.

(3) La mujer llevaba una corona de doce estrellas sobre su cabeza. Las figuras principales en la era de los patriarcas abarcan el período que va de Abraham a las doce tribus. La corona de doce estrellas sobre su cabeza indica la relación que ella tiene con la era de los patriarcas.

De esta manera, vemos que la mujer no está relacionada solamente con la era de la gracia, sino también con la era de la ley y la era de los patriarcas. No obstante, está relacionada más íntimamente con la era de la gracia. Incluye a todos los santos de la era de la gracia, así como todos los santos de la era de la ley y de la era de los patriarcas.

### EL NACIMIENTO DEL HIJO VARON

Apocalipsis 12:2 dice: "Estaba encinta, y clamaba con dolores de parto, en la angustia del alumbramiento". Aquí estar encinta es algo figurativo, y no literal. ¿Qué significa estar encinta? Quiere decir que un niño está en el vientre de la madre, y que el niño y la madre están unidos en un solo cuerpo. Cuando la madre come, el niño es nutrido. Cuando la madre está enferma, el niño también se ve afectado. La condición de la madre es la condición del hijo. La madre y el hijo son uno.

No obstante, este hijo también es diferente de la madre; es otro ser. Usted puede decir que son uno, y lo son verdaderamente, porque el hijo recibe vida de la madre. Sin embargo, él es diferente en cuanto a su futuro. Su futuro difiere totalmente del de su madre. Inmediatamente después del parto, él es arrebatado al trono de Dios, mientras que su madre huye al desierto.

Además, mientras la mujer está encinta, ella es lo único que podemos ver; el niño está escondido. Exteriormente, parece que sólo existe la madre. El niño existe ciertamente, pero está escondido dentro de la madre; está incluido en la madre. El versículo 3 dice: "También apareció otra señal en el cielo: he aquí un gran dragón escarlata, que tenía siete cabezas y diez cuernos, y en sus cabezas siete diademas". En miles de años la serpiente cambió por completo. Originalmente era una serpiente, pero ahora está agrandado y es un dragón. ¿Cuál es la forma de este dragón? Tiene siete cabezas, diez cuernos, y siete coronas sobre sus cabezas. Tiene la misma apariencia que la bestia que sube del mar. Apocalipsis 13:1 dice: "Y vi subir del mar una bestia que tenía diez cuernos y siete cabezas; y en sus cuernos diez diademas". La bestia que sube del mar también tiene siete cabezas y diez cuernos con coronas. Esto revela el objetivo de Satanás: él quiere conseguir las coronas, las cuales representan la autoridad. La diferencia entre el dragón y la bestia radica en que las coronas del dragón se hallan sobre sus cabezas, mientras que las de la bestia están sobre sus cuernos. Las cabezas representan la autoridad que toma decisiones, y los cuernos la autoridad que ejecuta. Las cabezas controlan y los cuernos ejecutan. En otras palabras, los cuernos están sometidos a los mandatos de las cabezas. Cada vez que las cabezas se mueven, las siguen los cuernos. Esto significa que todo el comportamiento de la bestia es controlado por el dragón.

Apocalipsis 12:4 empieza así: "Y su cola arrastraba la tercera parte de las estrellas del cielo, y las arrojó sobre la tierra". Isaías 9:15 nos muestra que la cola denota la mentira y el engaño. En Apocalipsis 2 y 3 las estrellas simbolizan a los ángeles. Las estrellas del cielo mencionadas aquí son los ángeles. La tercera parte de los ángeles fueron engañados por el dragón y cayeron y fueron echados junto con el dragón.

El versículo 4 continúa: "Y el dragón se paró frente a la mujer que estaba para dar a luz, a fin de devorar a su hijo tan pronto como lo diese a luz". He aquí una mujer que Dios se propuso tener en Su voluntad y un hijo varón que El desea conseguir. Pero el dragón está estorbando lo que Dios procura obtener en la mujer. El dragón sabe que esta mujer está por dar a luz un hijo varón; por tanto, permanece delante de la mujer y espera devorar a su hijo en cuanto ella dé a luz. El versículo 5 dice: "Y ella dio a luz un hijo varón". Para poder ver la relación que existe entre la mujer y el hijo varón, debemos leer Gálatas 4:26: "Mas la Jerusalén de arriba, la cual es madre de nosotros, es libre". Leamos la última parte de Gálatas 4:27: "Porque más son los hijos de la desolada, que de la que tiene marido". La Jerusalén de arriba es la Nueva Jerusalén, y la Nueva Jerusalén es la mujer, la meta que Dios desea conseguir en la eternidad. La mujer en la creación es Eva, la mujer en la era de la gracia es el Cuerpo de Cristo, la mujer al final de la era de gracia es descrita en Apocalipsis 12, y la mujer en la eternidad futura será la Nueva Jerusalén. Cuando la Palabra dice que la Jerusalén de arriba tiene muchos hijos, no quiere decir que la madre y los hijos están separados. Significa que uno se ha convertido en muchos, y que muchos están contenidos en uno. Los muchos hijos reunidos equivalen a la madre. No se trata de que la madre dé a luz cinco hijos, y luego haya seis individuos; más bien, de que los cinco hijos reunidos componen la madre. Cada hijo constituye una porción de la madre: una porción de la madre es sacada para este hijo, otra porción es sacada para otro hijo, y así para cada uno de ellos. Aparentemente todos nacieron de ella, pero en realidad son ella misma. La madre no es otro ser distinto de los hijos; ella es la suma de todos los hijos. Cuando miramos al conjunto, vemos a la madre; cuando los miramos uno por uno, vemos a los hijos. Cuando miramos la totalidad de la gente en el propósito de Dios, vemos la mujer; si los miramos cada uno por separado, vemos muchos hijos. Este es un principio especial.

Apocalipsis 12 tiene el mismo significado cuando habla de la mujer que da a luz un hijo varón. El hijo varón que ella da a luz es una maravilla y una señal. Las palabras "dar a luz" no significan que el hijo se originó de ella y que luego se separó de ella; significa simplemente que existe en ella este ser. "Ella dio a luz un hijo varón" significa simplemente que un grupo de gente está incluido en esta mujer.

Todo el pueblo de Dios tiene parte en Su propósito eterno, pero no todos asumen su responsabilidad legítima.

Por consiguiente, Dios escoge a un grupo de gente de entre ellos. Este grupo es una porción del conjunto, una parte de los muchos escogidos de Dios. Este es el hijo varón que la mujer da a luz. Como conjunto, es la madre; como minoría, es el hijo varón. El hijo varón es "los hermanos" del versículo 10 y "ellos" del versículo 11. Esto significa que el hijo varón no es un individuo, sino una composición de muchas personas. Todas estas personas reunidas se convierten en el hijo varón. Comparado con la madre, el hijo varón parece pequeño. Cuando se compara este grupo con el conjunto, constituye la minoría. Pero el plan de Dios se cumple en ellos y Su propósito descansa sobre ellos.

El versículo 5 dice: "Y ella dio a luz un hijo varón, que pastoreará con vara de hierro a todas las naciones". Esto denota el reino milenario. Los vencedores son el instrumento con el cual Dios puede cumplir Su propósito. Apocalipsis menciona tres veces el pastoreo de "las naciones con vara de hierro". Primero, 2:26-27 dice: "Al que venza y guarde Mis obras hasta el fin, Yo le daré autoridad sobre las naciones, y las pastoreará con vara de hierro". Es bastante obvio que este pasaje se refiere a los vencedores en la iglesia. La última mención de esta expresión se encuentra en 19:15, donde dice: "De Su boca sale una espada aguda, para herir con ella a las naciones, y Él las pastoreará con vara de hierro". Este pasaje alude al Señor Jesús. Entonces, ¿a quién se refiere el pasaje del capítulo doce? Debe de referirse a los vencedores en la iglesia o al Señor Jesús. ¿Se podría referir al Señor Jesús? No. (Sin embargo, no es del todo imposible, pues más adelante veremos que el Señor Jesús está incluido aquí.) ¿Por qué no es posible? Primero, el hijo varón fue arrebatado al trono de Dios inmediatamente después de nacer. Por consiguiente, esto no se puede referir al Señor Jesús. El Señor Jesús no fue arrebatado inmediatamente después de nacer. El vivió treinta y tres años y medio sobre esta tierra, murió, resucitó, y luego ascendió a los cielos. Esta es la razón por la cual creemos que el hijo varón se refiere a los vencedores en la iglesia. Es la porción de las personas de la iglesia, las cuales conforman los vencedores. El hijo varón se refiere a ellos, y no al Señor Jesús. (No obstante, el hijo varón incluye efectivamente al Señor Jesús, puesto que el Señor Jesús fue el primer vencedor y que todos los vencedores están incluidos en el Señor Jesús.) El hijo varón y la madre son distintos, y sin embargo, son también uno. Los vencedores difieren de la iglesia, pero están incluidos en ella.

## EL ARREBATAMIENTO DEL HIJO VARON

Apocalipsis 12:5 continúa: "Y su hijo fue arrebatado a Dios y a Su trono". En este versículo la palabra "arrebatado" significa algo diferente a lo que significa en 1 Tesalonicenses 4. Allí dice que algunos serán arrebatados en las nubes, y aquí dice que el hijo varón fue arrebatado al trono de Dios. El hijo varón fue arrebatado al trono porque alguien ya está en el trono. La Cabeza de la iglesia está en el trono. El propósito de Dios no consiste en tener a un solo hombre en el trono, sino en tener a muchos hombres en el trono. Originalmente El deseaba obtener un grupo de hombres que estuvieran en el trono y ejercieran Su autoridad. Dios desea que Cristo y la iglesia cumplan juntamente Su propósito. No obstante, la mayoría de la gente en la iglesia para aquel entonces todavía no podrán alcanzar el trono. Sólo una minoría, llamada los vencedores, podrá ir al trono de Dios. Serán arrebatados a Su trono porque cumplirán el propósito de Dios.

Suceden dos cosas inmediatamente después del arrebatamiento del hijo varón: "Y la mujer huyó al desierto, donde tiene lugar preparado por Dios, para que allí la sustenten por mil doscientos sesenta días. Después estalló una guerra en el cielo: Miguel y sus ángeles pelearon contra el dragón; y pelearon el dragón y sus ángeles" (Ap. 12:6-7). Note las palabras "y" y "después" usadas inmediatamente después de que el hijo varón fue arrebatado en el versículo 5. El versículo 6 dice: "Y la mujer huyó al desierto..." Luego el versículo 7 empieza así: "*Después* estalló una guerra en el cielo..." Tanto la huida de la mujer al desierto como la guerra en el cielo se deben al arrebatamiento del hijo varón.

Consideremos la guerra que hubo en el cielo. Primero vemos a Miguel, cuyo nombre es muy significativo. Miguel significa: "¿Quién es semejante a Dios?" Esta es una pregunta excelente. La intención de Satanás consiste en ser semejante a Dios, pero Miguel pregunta: "¿Quién es semejante a Dios?" Satanás no sólo desea ser semejante a Dios, sino que también tentó al hombre induciéndole el deseo de ser semejante a Dios. No obstante, la pregunta de Miguel "¿Quién es semejante a Dios?" sacude la potestad de Satanás. Parece que Miguel dice a Satanás: "Quieres ser semejante a Dios, pero ¡no lo serás nunca!" Esto es lo que nos revela el nombre de Miguel. Inmediatamente después del arrebatamiento del hijo varón, hay una guerra en el cielo. En otras palabras, el arrebatamiento del hijo varón es la causa de la guerra en el cielo. Con esto vemos que el arrebatamiento del hijo varón no consiste solamente en el arrebatamiento de algunos individuos, sino en algo mucho más importante, en acabar con la guerra que ha durado por edades y generaciones. La serpiente antigua, el enemigo de Dios, está luchando desde hace miles de años. Cuando se lleva a cabo esta guerra en el cielo, Miguel y sus ángeles luchan contra el dragón, quien es la serpiente antigua. Anteriormente, era una serpiente, pero ahora se ha transformado y tiene forma de dragón. El ha incrementado considerablemente su poder. No obstante, cuando el hijo varón es arrebatado, no sólo resulta imposible que el dragón crezca más, sino que también es echado del cielo. El arrebatamiento del hijo varón es un suceso que impide que Satanás tenga posición alguna en el cielo.

¿Cuál es el resultado cuando Miguel y sus ángeles pelean contra el dragón y sus ángeles? Los versículos 8 y 9 dicen: "Pero no prevalecieron (el dragón y sus ángeles), ni se halló ya lugar para ellos en el cielo. Y fue arrojado el gran dragón, la serpiente antigua, que se llama el diablo y Satanás, el cual engaña a toda la tierra habitada; fue arrojado a la tierra y sus ángeles fueron arrojados con él". Esta batalla concluye con la derrota del dragón. No había ningún lugar para él en el cielo; él y sus ángeles fueron echados a la tierra.

La muerte del Señor Jesús le quitó a Satanás la posición que había obtenido por medio de la caída del hombre. En otras palabras, la redención destruyó la posición legal de Satanás. La obra de la iglesia consiste en ejecutar en el reino de Dios lo que el Señor Jesús realizó en la redención y, por consiguiente, en quitarle a Satanás la posición legal que él obtuvo mediante la caída del hombre. La redención es la solución que Cristo dio para el problema de la caída, mientras que, el reino es la solución que la iglesia da para este mismo problema. La obra de juicio pertenece a Cristo, mientras que la ejecución de este juicio incumbe a la iglesia. Derrotar a Satanás es tarea nuestra. Dios desea acabar con esta era. Pero para ello, El necesita vencedores. Sin hijo varón, no será posible derribar la obra de Satanás. Satanás ya fue juzgado por la redención; ahora el castigo debe ser ejecutado por el reino.

Después de que el dragón y sus ángeles fueron arrojados de los cielos, el versículo 10 sigue: "Entonces oí una gran voz en el cielo, que decía: Ahora ha venido la salvación, el poder, y el reino de nuestro Dios, y la autoridad de Su Cristo". Esto es el reino. Cuando Satanás es arrojado, cuando sus ángeles son echados juntamente con él, y cuando no queda lugar para ellos en el cielo, esto es la salvación, el poder, y el reino de nuestro Dios, y la autoridad de Su Cristo.

Leamos juntos dos versículos de Apocalipsis: "El séptimo ángel tocó la trompeta, y hubo grandes voces en el cielo, que decían: El reinado sobre el mundo ha pasado a nuestro Señor y a Su Cristo; y El reinará por los siglos de los siglos" (11:15). Aquí vemos el objetivo. "Entonces oí una gran voz en el cielo, que decía: Ahora ha venido la salvación, el poder, y el reino de nuestro Dios, y la autoridad de Su Cristo" (12:10). Aquí se ve el feliz cumplimiento del objetivo. La clave del éxito es el arrebatamiento del hijo varón. Debido al arrebatamiento del hijo varón, habrá una guerra en el cielo y Satanás será arrojado. Como resultado de la expulsión de Satanás, viene el reino de nuestro Señor y de Su Cristo. El arrebatamiento de los vencedores provoca la expulsión de Satanás e introduce el reino. La obra de los vencedores consiste en introducir el reino de Dios. La obra del Señor ha sido cumplida, y El está en el trono. Ahora los vencedores realizan todo esto.

En Lucas 10, vemos un pasaje que corresponde a esto: "Volvieron los setenta con gozo, diciendo: Señor, aun los demonios se nos sujetan en Tu nombre" (v. 17). Los discípulos habían estado echando fuera los demonios. Entonces el Señor dijo: "Yo veía a Satanás caer del cielo como un rayo" (v. 18). Esto se refiere al hecho de que Satanás es echado del cielo. Pero, ¿cuándo sucede esto? En Apocalipsis 12. ¿Qué provoca que Satanás sea arrojado? Según Lucas 10:18, el cual se basa en el versículo 17, Satanás es arrojado del cielo porque la iglesia echa fuera los demonios. El versículo 17 muestra también que echar fuera los demonios no es algo que se hace de una vez por todas; más bien, la iglesia debe seguir haciéndolo en la tierra para que Satanás sea arrojado del cielo. Cuando el Señor murió, todo el poder de Satanás fue destruido. Pero ¿qué puede provocar la pérdida del poder de Satanás en el cielo? Todo su poder puede ser anulado al enfrentarse a él los hijos de Dios continuamente y en toda ocasión. Cuando los demonios sean subyugados continuamente en el nombre del Señor Jesús, Satanás será echado.

Por ejemplo, tomemos una balanza. En un lado de la balanza, está Satanás. Como no sabemos el peso de Satanás, debemos añadir peso al otro lado de la balanza. Cada vez que nos enfrentamos a Satanás, añadimos más peso al otro lado. Cuando el peso sea aumentado hasta cierto punto, Satanás será desplazado. Al principio, cuando añadimos peso al otro lado, parece inútil. Pero cada vez que añadimos peso es de utilidad. Finalmente, cuando se añade la última cantidad de peso, la balanza empieza a moverse. No sabemos quien añadirá la última cantidad de peso, pero todo el peso, lo que es añadido al principio y lo que se añade al final, produce un efecto. La obra de la iglesia consiste en resistir la obra de Satanás para que juntos podamos echar fuera los demonios. Esta es la razón por la cual Satanás hará todo lo posible para impedirnos ser vencedores.

Echar fuera los demonios no significa forzosamente que debemos enfrentarnos a un demonio cuando lo encontramos. Echar fuera los demonios quiere decir que echamos fuera toda la obra y el poder del demonio. Nos asimos de la autoridad del Señor y nos mantenemos firmes en nuestra posición. Un hermano añade un poco de peso y otro hermano añade un poquito más. Entonces llegará el día en que Satanás es echado del cielo. Dios no actúa directamente por Su propia mano para hacer caer a Satanás del cielo. El podría hacerlo muy fácilmente, pero no lo hará. El ha encomendado esta tarea a la iglesia. ¡Oh, qué lamentable fracaso ha sufrido la iglesia en este asunto! ¡No lo ha hecho y no puede! Esta es la razón por la cual debe haber vencedores que se mantengan firmes en la posición de la iglesia para llevar a cabo la obra de Dios. Cuando los vencedores se mantengan firmes en la posición de la iglesia y lleven a cabo la obra que debiera haber realizado la iglesia, el resultado será éste: "Ahora ha venido la salvación, el poder, y el reino de nuestro Dios, y la autoridad de Su Cristo". En Apocalipsis 12, el hijo varón se compone de los vencedores que están firmes en nombre de la iglesia. Por consiguiente, en cuanto el hijo varón es arrebatado, Satanás es arrojado del cielo y viene el reino.

## EL PRINCIPIO DEL HIJO VARON

Las Escrituras afirman que el hijo varón "pastoreará con vara de hierro a todas las naciones". Este es el propósito de Dios. La obra de la iglesia consiste en hacer que Satanás pierda su poder y en introducir el reino de Dios. La iglesia que Dios desea debe tener la característica de Abigail: la de cooperar con Cristo. No obstante, ya que la iglesia no ha cumplido el propósito de Dios y ni siquiera conoce este propósito, ¿qué puede hacer Dios? El escogerá a un grupo de vencedores que cumplan Su propósito y satisfagan Sus requisitos. Este es el principio subyacente del hijo varón.

La Biblia presenta muchos ejemplos de este principio. ¿Cuál era el propósito de Dios al escoger al pueblo de Israel en el Antiguo Testamento? Exodo 19 nos enseña que El los escogió para que fuesen un reino de sacerdotes. ¿Qué quiere decir un reino de sacerdotes? Significa que toda la nación debía servir a Dios y ser Sus sacerdotes. Sin embargo, no todos los hijos de Israel fueron sacerdotes, porque adoraron al becerro de oro. En lugar de servir a Dios, adoraron a un ídolo. Por consiguiente, Moisés exhortó al pueblo de Israel, diciendo: "¿Quién está por Jehová? Júntese conmigo" (Ex. 32:26). Entonces todos los hijos de Leví se juntaron con Moisés. Y Moisés les dijo: "Así ha dicho Jehová, el Dios de Israel: Poned cada uno su espada sobre su muslo; pasad y volved de puerta a puerta por el campamento, y matad cada uno a su hermano, y a su amigo, y a su pariente" (v. 27). El culto a los ídolos es el pecado más grande; por lo tanto, Dios les exigió que mataran a sus propios hermanos con la espada. "Y los hijos de Leví lo hicieron conforme al dicho de Moisés" (v. 28). Estaban dispuestos a servir a Dios

más allá del afecto humano; por tanto, Dios los escogió para
que fuesen sacerdotes. Desde aquel tiempo, los sacerdotes del
pueblo de Israel provinieron solamente de la tribu de Leví.
Desde aquel entonces los israelitas se acercaban a Dios por
medio de los levitas. Originalmente, todos los israelitas fueron
escogidos para servir a Dios, pero fallaron; por consiguiente,
entre todos los que habían fracasado, Dios escogió a un grupo
de personas que permanecerían firmes en nombre de los
demás, las cuales son los vencedores. Debemos recordar que los levitas no servían a Dios para
su propio beneficio, ni eran vencedores por su propia elección.
Tampoco pretendían ser superiores a los demás. Si ése hubiera
sido el caso, habrían sido acabados. Los levitas fueron escogidos por Dios para ser sacerdotes que representaran todo el
pueblo de Israel. Los hijos de Leví ofrecieron a Dios lo que los
hijos de Israel debían haberle ofrecido. El servicio de los levitas delante de Dios era considerado como el servicio de toda la
nación de Israel. Los hijos de Leví eran los únicos sacerdotes,
pero toda la nación de Israel se beneficiaba del sacerdocio de
ellos. Del mismo modo, la obra de los vencedores está destinada a toda la iglesia. La obra pertenece a los vencedores,
pero la iglesia recibe la bendición de la obra. Esta es la gloria
de los vencedores. Este asunto les corresponde a ellos, pero
sus logros traen gloria a toda la iglesia; la obra les pertenece,
pero toda la iglesia recibe la bendición.

En el tiempo de los jueces, el pueblo de Israel era oprimido
por los madianitas y se encontraba en mucha angustia. Dios
levantó de una de las tribus a Gedeón para que dirigiese a un
grupo de hombres y derrotara al enemigo. Toda la nación fue
liberada gracias a este grupo. La responsabilidad pertenecía
a toda la nación, pero algunos tenían miedo y otros eran pere-
zosos; por consiguiente, de en medio de ellos salió un grupo
que peleó y benefició a toda la nación.

Vemos el mismo principio cuando el pueblo de Israel
regresó del cautiverio. Originalmente, Dios prometió que después de setenta años de cautiverio, el pueblo de Israel regre-
saría y recibiría de nuevo la tierra. No obstante, no todos
regresaron; sólo una minoría dirigida por Esdras, Nehemías,
Zorobabel y Josué volvió para construir el templo y la ciudad

de Jerusalén. Sin embargo, lo que hicieron fue tomado en cuenta y sirvió para toda la nación de Israel. Fue considerado como el recobro y el regreso de toda la nación.

El principio de los vencedores no es que un individuo especialmente espiritual tenga reservados para él una corona y gloria. No estamos diciendo que no habrá individuos recompensados con coronas y gloria en ese día. Es posible que lo obtengan, pero ellos no están para esto; no es su propósito principal. Recibir gloria o coronas para ellos mismos no es la razón por la cual son vencedores; más bien lo son para tomar la posición que debería tomar toda la iglesia y hacer la obra por la iglesia. Ante Dios, la iglesia debe estar en la condición que El desea; debería ser responsable ante El y cumplir la obra que le fue encomendada y permanecer en la posición apropiada. No obstante, la iglesia ha fallado y sigue fallando hoy en día. No ha llegado a ser lo que originalmente debería ser; no ha llevado a cabo su tarea, ni ha tomado su responsabilidad, ni tampoco ha permanecido en su posición apropiada. No ha ganado el terreno para Dios. Sólo queda un grupo de personas para hacer ese trabajo por la iglesia y para tomar la responsabilidad de la iglesia. Este grupo es los vencedores. Lo que ellos hacen es considerado como la obra de toda la iglesia. Si hay algunos que están dispuestos a ser vencedores, el propósito de Dios es cumplido y El está satisfecho. Este es el principio del hijo varón.

La razón por la cual estamos tratando el tema del hijo varón es porque Dios requiere de un grupo de vencedores para cumplir Su propósito eterno. Si examinamos la historia, nos toca reconocer que la iglesia ha fracasado. Por consiguiente, Dios está llamando a los vencedores para que estén firmes por la iglesia. En esta porción de Apocalipsis, el hijo varón se refiere particularmente a los vencedores al final de la era presente. Cuando nazca el hijo varón, será inmediatamente arrebatado al trono de Dios. Entonces ciertos acontecimientos se desencadenarán en seguida en el cielo y Satanás será arrojado. Las dificultades que Dios tiene se resolverán con el arrebatamiento del hijo varón, y Su problema quedará solucionado. Tal parece que en cuanto nazca el hijo varón, no habrá nada que impida que el propósito de Dios se cumpla. Esto es lo que Dios busca hoy; esto es lo que a El le interesa. Dios necesita de un grupo de personas que alcancen la meta original que El trazó.

## LA BASE Y LA ACTITUD DE LOS VENCEDORES

En Apocalipsis 3:21 el Señor Jesús dice: "Al que venza, le daré que se siente conmigo en Mi trono". El hijo varón puede sentarse en el trono porque ha vencido. Ahora vamos a ver cómo ellos vencen y cuál es su actitud.

Apocalipsis 12:11 dice: "Y ellos le han vencido por causa de la sangre del Cordero y de la palabra del testimonio de ellos, y despreciaron la vida de su alma hasta la muerte". "Le han vencido". "Le" se refiere a Satanás. Vencieron a Satanás porque lo incapacitaron y no pudo llevar a cabo su obra en contra de ellos. Lo vencieron (1) por la sangre del Cordero, (2) por la palabra de su testimonio, y (3) por tener una actitud de despreciar la vida de su alma hasta la muerte.

### La sangre del Cordero

Primero, "le han vencido por causa de la sangre del Cordero". En la guerra espiritual la victoria se basa en la sangre del Cordero. La sangre sirve no solamente para perdonar y salvar, sino que también constituye la base sobre la cual vencemos a Satanás. Algunos pensarán que la sangre no tiene mucha importancia para los que han crecido en el Señor. Suponen que algunos pueden crecer hasta el punto de que ya no tienen más necesidad de la sangre. ¡Debemos decir enfáticamente que eso no es cierto! Nadie puede crecer al punto de no tener necesidad de la sangre. La Palabra de Dios dice: "Le han vencido por causa de la sangre del Cordero".

La principal actividad de Satanás contra los cristianos consiste en acusarlos. ¿Es Satanás un asesino? Sí. ¿Es mentiroso y tentador? Sí. ¿Es aquel que nos ataca? Sí. Pero eso no es todo. Su trabajo principal consiste en acusarnos. Apocalipsis 12:10 dice: "Ha sido arrojado el acusador de nuestros hermanos, el que los acusa delante de nuestro Dios día y noche". Aquí vemos que Satanás acusa a los hermanos día y noche. El no solamente nos acusa delante de Dios, sino también en nuestra conciencia, y sus acusaciones nos pueden debilitar y dejarnos impotentes. Le gusta acusar a las personas de tal manera que se consideren inútiles y pierdan así todo el terreno que tenían para combatirlo. No queremos decir que no necesitamos confesar el pecado y hacer con él lo debido. Debemos tener un sentir agudo hacia el pecado, pero no debemos aceptar las acusaciones de Satanás.

En cuanto un hijo de Dios acepte las acusaciones de Satanás, se sentirá culpable todo el día. Cuando se levante de madrugada, sentirá que está mal. Cuando se arrodille para orar, se sentirá mal y ni siquiera creerá que Dios contestará su oración. Cuando quiera hablar en la reunión, sentirá que esto es inútil porque él no está bien. Cuando quiere presentar una ofrenda al Señor, se pregunta por qué lo debería hacer, pues Dios no aceptaría una ofrenda de una persona como él. La preocupación principal de cristianos como éste no es lo glorioso y victorioso que es el Señor, sino lo inicuo e indigno que ellos son. Pasan todo el día consumidos por el pensamiento de su propia indignidad. En todo momento consideran lo inútil que son: cuando trabajan, descansan, caminan, leen las Escrituras u oran. Esta es la acusación de Satanás. Si Satanás los puede mantener en esta condición, él gana la victoria. Las personas que se encuentran en esta condición son impotentes frente a Satanás. Si aceptamos estas acusaciones, nunca podremos ser vencedores. A menudo cuando nos aflige el pensamiento de nuestra iniquidad, nos resulta fácil interpretarlo erróneamente y considerarlo como humildad cristiana, sin darnos cuenta de que estamos sufriendo el efecto dañino de las acusaciones de Satanás. Cuando cometemos un pecado, debemos confesarlo y hacer con él lo debido. Pero debemos aprender otra lección: debemos aprender a no mirarnos a nosotros mismos, sino a fijar nuestra mirada en el Señor Jesús. El pensar en nosotros mismos cada día, desde la mañana hasta la noche, es una condición enfermiza. Es la consecuencia de haber aceptado las acusaciones de Satanás.

En las conciencias de algunos hijos del Señor, no existe mucha sensibilidad en cuanto al pecado. Personas de ésta índole no son muy útiles espiritualmente. No obstante, son muchos los hijos de Dios cuya conciencia es tan débil que realmente no reconocen la obra del Señor Jesús. Si les preguntamos si sienten que tienen algún pecado en particular, no pueden señalar ninguno. No obstante, siempre tienen la impresión de que están mal. Siempre les parece que son débiles y que no valen nada. Cada vez que piensan en sí mismos, pierden su paz y alegría. Han aceptado las acusaciones de Satanás. Cada vez que Satanás nos da esta clase de sentir, somos debilitados y ya no lo podemos resistir.

Por lo tanto, no debemos menospreciar las acusaciones de Satanás. Su principal actividad consiste en acusarnos, y lo hace día y noche. El nos acusa en nuestra conciencia así como delante de Dios hasta que nuestra conciencia se debilita tanto que no puede ser fortalecida.

En la vida diaria de un cristiano y en su obra, la conciencia desempeña un papel muy importante. El apóstol Pablo dijo en 1 Corintios 8 que si la conciencia de alguien es contaminada, esta persona es destruida. Ser destruido no significa que una persona se pierda eternamente, sino que ya no puede ser edificada. Se ha debilitado hasta el punto de ser completamente inútil. En 1 Timoteo 1 dice que un hombre que desecha su conciencia naufraga en cuanto a la fe. Un barco naufragado no puede navegar. Por consiguiente, ya sea que un cristiano pueda presentarse delante de Dios o no depende de que su conciencia no tenga ninguna ofensa. Cuando él acepta las acusaciones de Satanás, su conciencia es ofendida, y cuando eso sucede, él no puede perseverar en su servicio ni tampoco seguir luchando por Dios. Por tanto, debemos entender que la principal obra de Satanás consiste en acusarnos, y ésta es la obra que debemos vencer.

¿Cómo podemos vencer las acusaciones de Satanás? La voz del cielo nos dice: "Le han vencido por causa de la sangre del Cordero". La sangre es la base de la victoria, y es el instrumento que vence a Satanás. El podrá acusarnos, pero le podemos contestar que la sangre del Señor Jesucristo, el Hijo de Dios, nos limpia de todo pecado (1 Jn. 1:7). "Todo pecado" significa cualquier pecado, grande o pequeño. La sangre del Hijo de Dios nos limpia de todos ellos. Satanás nos puede decir que estamos mal, pero tenemos la sangre del Señor Jesús. La sangre del Señor Jesús nos puede limpiar de nuestros numerosos pecados. Esta es la Palabra de Dios. La sangre de Jesús, el Hijo de Dios, nos limpia de todo pecado.

No sólo debemos rechazar las acusaciones que no tienen fundamento, sino también las que sí lo tienen. Cuando los hijos de Dios hacen algo mal, todo lo que necesitan es la sangre de Jesús, el Hijo de Dios, y no las acusaciones de Satanás. En cuanto al pecado lo necesario es la sangre preciosa, y no las acusaciones. La Palabra de Dios nunca menciona la necesidad de ser acusados después de pecar. La única pregunta es ésta: ¿hemos confesado nuestro pecado? Si hemos confesado, entonces ¿qué más se podría decir? Si hemos pecado y no hemos confesado, entonces merecemos ser acusados. Pero donde no hay pecado, no queda lugar para las acusaciones. Si hemos pecado y confesado, no deberíamos ser acusados.

Si usted ha pecado, puede inclinarse y confesar a Dios. La sangre del Señor Jesús lo limpiará inmediatamente. No se imagine que tendrá más santidad si considera cuán pecaminoso es, o que recibirá más santidad si se siente más triste por causa del pecado. No es así. Usted debe hacerse una sola pregunta: ¿Qué aprecio tengo por la sangre del Señor Jesús? Hemos pecado, pero Su sangre nos limpia de todo pecado. "Todo pecado" incluye los pecados grandes y pequeños, los pecados que recordamos y los que hemos olvidado, los pecados visibles o invisibles, los pecados que consideramos perdonables y los que creemos imperdonables: "todo pecado" incluye toda clase de pecados. La sangre de Jesús, el Hijo de Dios, no nos limpia de un solo pecado, o de dos, o aun de muchos pecados, sino que nos limpia de *todo* pecado.

Reconocemos que tenemos pecado. No decimos que no lo tenemos. Pero aparte de eso, no aceptamos las acusaciones de Satanás. Delante de Dios, estamos limpios porque tenemos la sangre preciosa. No debemos creer en las acusaciones más que en la sangre preciosa. Cuando cometemos pecado, no glorificamos a Dios, pero cuando no confiamos en la sangre preciosa, lo deshonramos aún más. Pecar es algo vergonzoso, pero no creer en la sangre preciosa es algo aún más vergonzoso. Debemos aprender a confiar en la sangre del Cordero.

Romanos 5:9 dice: "...estando ya justificados en Su sangre". Muchas personas no tienen ninguna paz en su corazón cuando entran en la presencia del Señor. También se sienten inútiles y que están mal. Esto se debe a que tienen una falsa esperanza.

Esperan tener algo positivo dentro de sí que podrán ofrecer a Dios. Cuando descubren que dentro de sí no tienen nada positivo que ofrecer, vienen las acusaciones. Esta puede ser una acusación: "Una persona como usted nunca tendrá nada bueno que ofrecer a Dios". Pero debemos recordar que originalmente no teníamos nada bueno delante de Dios. No teníamos nada bueno que ofrecer a Dios. Sólo le podemos presentar una sola cosa: la sangre. La sangre es lo único que nos puede justificar. No hay ninguna justicia positiva en nosotros. Lo que nos hace justos es la justicia que recibimos por medio de la redención. Cada vez que vamos al trono de la gracia, podemos acudir a El para recibir gracia. Es un trono de gracia, y no un trono de justicia. Cada vez que nos presentamos ante Dios, lo único que nos califica es el hecho de haber sido redimidos, y no de haber progresado en nuestra vida cristiana. Ningún cristiano podrá llegar a un nivel donde pueda decir: "Ultimamente me he portado bastante bien, ahora tengo el denuedo de orar". No. Cada vez que nos presentamos ante Dios, nuestro único terreno, nuestra única posición, se basa en la sangre. Debemos estar conscientes de que ningún crecimiento espiritual, por muy elevado que sea, puede sustituir la eficacia de la sangre. Ninguna experiencia espiritual podrá reemplazar la obra de la sangre. Aun cuando alguien llegue a la espiritualidad del apóstol Pablo, Juan, o Pedro, seguirá necesitando la sangre para presentarse ante Dios.

A veces cuando hemos pecado, Satanás viene a acusarnos, y a veces cuando no hemos pecado, aún así viene a acusarnos. Algunas veces no tiene nada que ver con que hayamos cometido pecado o no, sino con que no tengamos una justicia positiva que ofrecer a Dios. Por tanto, Satanás nos acusa. No obstante, debemos entender claramente que podemos entrar en la presencia de Dios únicamente por causa de la sangre, y no por otra cosa. Debido a que hemos sido limpiados por la sangre y justificados por ella, no estamos bajo ninguna obligación de aceptar las acusaciones de Satanás.

La sangre preciosa es la base de la guerra espiritual. Si no conocemos el valor de la sangre, no podemos luchar. Cuando nuestra conciencia es debilitada, estamos acabados. Por consiguiente, si no mantenemos una conciencia irreprensible y limpia, no podremos hacer frente a Satanás. Satanás puede usar miles de razones para acusarnos. Si aceptamos sus acusaciones, caeremos. Pero cuando Satanás nos hable, podemos contestar a todas sus razones con la única respuesta de la sangre. No existe nada que no pueda ser contestado por la sangre. La guerra espiritual exige una conciencia sin ofensa, y la sangre es lo único que puede darnos esta conciencia.

Hebreos 10:2 dice: "De otra manera, ¿no habrían cesado de ofrecerse, por no tener ya los adoradores, una vez purificados, consciencia de pecado...?" La sangre hace que la conciencia del cristiano quede libre de la consciencia de pecado. Cuando tomamos como base la sangre, cuando creemos en la sangre, Satanás ya no puede obrar en nosotros. A menudo tendemos a considerar que ya no podemos luchar porque hemos pecado. Pero el Señor sabe que somos pecaminosos; por eso, preparó la sangre. El Señor tiene la solución para el pecador, porque El tiene la sangre. Pero El no puede hacer nada con aquel que está dispuesto a recibir las acusaciones de Satanás. Todo aquel que acepta las acusaciones de Satanás niega el poder de la sangre. Nadie que crea en la sangre preciosa puede al mismo tiempo aceptar las acusaciones de Satanás; una de ellas debe desaparecer. Si aceptamos las acusaciones, la sangre debe irse; si aceptamos la sangre, las acusaciones deben retirarse.

El Señor Jesús es nuestro Sumo Sacerdote y Mediador (véanse He. 2:17-18; 4:14-16; 7:20-28; 8:6; 9:15; 1 Jn. 2:1). El siempre está sirviendo en esta posición: como Sumo Sacerdote y Mediador. El propósito de Su servicio consiste en preservarnos de las acusaciones de Satanás. El hombre necesita un solo instante para recibirlo a El como su Salvador, pero toma toda la vida enfrentarse a las acusaciones de Satanás. En el griego la palabra *mediador* significa "un defensor designado". El Señor es nuestro Mediador, nuestro Defensor. El Señor habla por nosotros. Pero ¿estamos de parte del Mediador o del acusador? Sería ridículo creer en las palabras del acusador mientras nuestro Mediador nos está defendiendo. Si un abogado comprobara continuamente que su cliente es inocente, pero éste persiste en creer al acusador, ¿no sería una situación absurda? ¡Oh, que veamos que el Señor Jesús es nuestro Mediador y que El nos está defendiendo! ¡Que entendamos que la sangre es la base que nos permite hacer frente a Satanás! Nunca deberíamos responder a las acusaciones de Satanás con una buena conducta; debemos responder con la sangre. Si nos diésemos cuenta del valor de la sangre, habría más cristianos gozosos y en paz en la tierra hoy en día.

"Le han vencido por causa de la sangre del Cordero". ¡Cuán preciosas son estas palabras! Los hermanos le han vencido no por su mérito, su adelanto, ni su experiencia. Le han vencido por causa de la sangre del Cordero. Cuando vengan las acusaciones de Satanás, debemos rechazarlas por la sangre. Cuando aceptamos la sangre, el poder de Satanás queda anulado. Todo lo que somos depende de la sangre, y necesitamos la sangre cada día. Así como dependimos de la sangre y confiamos en la sangre el día en que fuimos salvos, debemos seguir dependiendo de la sangre y confiando en ella a partir de ese día. La sangre es nuestro único fundamento. Dios desea liberarnos de todas las acusaciones insensatas. El quiere romper estas cadenas. Nunca deberíamos sentir que nos humillamos al recibir acusaciones día tras día. Debemos aprender a vencer estas acusaciones. Si no vencemos estas acusaciones, nunca podremos ser vencedores. Los vencedores deben conocer el valor de la sangre. Aunque no conozcamos el inmenso valor de la sangre, podemos decir al Señor: "Oh Señor, aplica la sangre por mí conforme a Tu aprecio por ella". Debemos resistir el poder de Satanás conforme al aprecio que Dios tiene por la sangre, y no según nuestro aprecio por la sangre.

### La palabra de su testimonio

El segundo punto es éste: los hermanos le han vencido "por la palabra de su testimonio". Nuestra boca puede dar testimonio cuando nuestra conciencia no tiene ninguna ofensa. Cuando hay una acusación en nuestra conciencia, no podemos proclamar nada. Parece que cuanto más hablamos, más débil se hace nuestra voz. Aquí el significado del testimonio es testificar a los demás, y no a nosotros mismos. Cuando usted tenga la sangre delante de Dios, tendrá denuedo delante de Dios, y tendrá un testimonio delante de los hombres. No sólo testificará que los pecadores pueden ser perdonados y que el hombre puede ser aceptado por causa de Cristo, sino que también testificará acerca del reino de Dios. "Testimonio" significa decir a los demás lo que se encuentra en Cristo, y la palabra del testimonio es algo que debe ser proclamado. Los vencedores deben proclamar con frecuencia la victoria de Cristo. Este es el temor más grande de Satanás: que se repita continuamente el hecho de que Cristo ha vencido. Estos son hechos: el reino de los cielos vendrá, el Señor es Rey, Cristo es victorioso para siempre, Satanás está derrotado, el hombre fuerte ha sido atado y condenado legalmente, y Cristo ha destruido toda la obra de Satanás en la cruz. Cuando declaramos todos estos hechos, tenemos el testimonio. Cuando proclamamos que Cristo es esto o aquello, éste es el testimonio.

La palabra del testimonio es lo que da más terror a Satanás. Satanás no tiene miedo cuando intentamos discutir con él, pero sí teme cuando proclamamos los hechos. Satanás no teme cuando hablamos de teología o cuando desenvolvemos las Escrituras, pero sí teme cuando declaramos los hechos espirituales. "Jesús es el Señor" es un hecho espiritual. Muchas personas hablan acerca de que Jesús es el Señor y explican cómo lo es, pero Satanás no siente el menor temor por eso. No obstante, cuando alguien declara por fe que Jesús es el Señor, Satanás teme. El no teme nuestra predicación o teología, sino la palabra de nuestro testimonio.

Es un hecho espiritual que el nombre de Jesús está por encima de cualquier otro nombre Debemos declarar este hecho por fe, no solamente a los hombres, sino también a Satanás. A menudo hablamos para que Satanás oiga; lo hacemos a propósito para que él oiga. Esto es lo que llamamos la palabra del testimonio. Aun cuando estamos a solas en nuestro cuarto, podemos declarar en voz alta: "Jesús es el Señor". Podemos decir: "El Señor Jesús es más fuerte que el hombre fuerte", o "El Hijo de Dios ya ha atado a Satanás", etc. Esta es la palabra de nuestro testimonio.

Los cristianos deben depender de la oración en toda circunstancia, pero a veces la palabra de nuestro testimonio es más eficaz que la oración. En Marcos 11:23 el Señor Jesús dijo: "Cualquiera que diga a este monte: Quítate y échate en el mar, y no dude en su corazón, sino que crea que lo que está hablando sucede, lo obtendrá". El Señor Jesús no dijo que la oración del creyente será contestada, sino que él obtendrá lo que *dice*. Los chinos tienen un proverbio que dice: "De la boca de una persona puede salir inmediatamente alguna composición". Pero los cristianos pueden decir: "De la boca de una persona puede salir algo que se cumpla inmediatamente". Dios creó los cielos y la tierra por una sola palabra de Su boca. Lo sucedido en Marcos 11 nos muestra que podemos mandar a una montaña. Algo sucederá únicamente cuando hablemos por fe. A menudo el poder de la oración no es tan fuerte como el poder de la proclamación. Muchas veces debemos usar la palabra del testimonio para hacer frente a Satanás.

Cuando leemos el libro de Hechos, podemos ver muchas palabras de testimonio. En el capítulo tres Pedro y Juan vieron a un cojo en la puerta del templo, y todo lo que hizo Pedro fue decirle: "No poseo plata ni oro, pero lo que tengo, esto te doy; en el nombre de Jesucristo de Nazaret, levántate y anda". Esto se llama la palabra del testimonio. No se trata de rogar a Dios para que El arregle la situación, sino arreglarla directamente en el nombre del Señor. En Hechos 16, cuando Pablo echó fuera a un demonio, él usó también la palabra de proclamación: "Te mando en el nombre de Jesucristo, que salgas de ella". Inmediatamente el demonio salió.

Vamos a dar otro ejemplo relatando cierto acontecimiento. Dos hermanas eran activas en la predicación del evangelio. Fueron un día a una aldea y se quedaron allí por un tiempo. En este pueblo había una mujer poseída por un demonio, y un pariente de ella invitó a las dos hermanas a ir a la casa de esa mujer para echar fuera el demonio. Después de orar, sintieron que debían ir. Cuando llegaron, vieron que la mujer estaba bien vestida y que todo estaba en orden. Se preguntaron si la mujer tenía realmente un demonio. Entonces le predicaron el evangelio, y la mujer parecía recibirlo con claridad. (En realidad, los demonios no lo reciben con claridad, sino que simulan hacerlo.) Las dos hermanas estaban muy confundidas. Preguntaron a la mujer: "¿Cree usted en el Señor Jesús?" Ella contestó: "Hace muchos años que creo". Después de esta respuesta, las hermanas estaban aún más confundidas; no podían entender nada de la situación. Entonces le preguntaron: "¿Sabe usted quién es Jesús?" Ella contestó: "Si ustedes quieren saber

quién es Jesús, vengan y vean". Entonces las llevó del frente a
la parte trasera de la casa. Mostrándoles un ídolo, dijo: "Este
es Jesús. Llevo muchos años creyendo en El". Entonces una
hermana sintió que debía dar un testimonio. Por favor, note
que lo dicho por ella es la clase de testimonio del cual estamos
hablando aquí.

La hermana tomó la mano de la mujer y dijo (no a la
mujer, sino al demonio): "¿No te acuerdas que hace más de mil
novecientos años el Hijo de Dios vino del cielo, se hizo hombre
y vivió durante treinta y tres años y medio? El echó a muchos
demonios como tú. ¿No te acuerdas que deseabas atacarle y
perjudicarle? Tú y todos los tuyos se levantaron contra El
para matarlo clavándolo en la cruz. Estabais muy felices en
aquel tiempo. No sabíais que se levantaría de los muertos a los
tres días y que quebrantaría todo vuestro poder. Tú no eres
más que un espíritu inicuo bajo la mano de Satanás. Te acuerdas que cuando el Hijo de Dios salió del Hades, Dios anunció
del cielo a todos los seres vivientes y a todos los espíritus: 'El
nombre de Jesús está por encima de todo nombre. Cada vez
que se mencione Su nombre, toda lengua debe confesarlo, y
toda rodilla debe doblarse ante El'. Por tanto, ¡te mando en el
nombre de Jesús que salgas de ella! En cuanto la hermana
hizo esta proclamación, el demonio echó a la mujer al suelo y
se fue.

La pregunta que hizo la hermana: "¿Te acuerdas?" tiene
un significado muy importante. Su insistencia al repetir varias
veces esta pregunta constituye su testimonio. Si predicamos
a Satanás, él también puede predicar, y bastante además. Si
discutimos con él, él tendrá toda clase de argumentos. Pero
si declaramos los hechos, particularmente los hechos espirituales, Satanás quedará impotente.

Debemos conocer los hechos en las Escrituras y creer en
ellos. Debemos ser cubiertos por la sangre para que Dios nos
proteja de los ataques del enemigo. Entonces le podremos
hablar a Satanás. Satanás teme cuando le proclamamos la
palabra del testimonio. A veces en nuestra experiencia cristiana nos sentimos tan débiles que ni siquiera podemos orar a
Dios. En ese momento, debemos recordar los hechos espirituales, los hechos victoriosos. Le debemos proclamar a Satanás y

a sus demonios que el Señor Jesús es victorioso y que Jesús es el Señor. Esta proclamación es el testimonio, y el testimonio es la proclamación. ¿Qué proclamamos? Proclamamos que Jesús es el Señor, que el Señor es victorioso, que Satanás ha sido pisoteado por Sus pies. Además proclamamos que el Señor nos ha dado la autoridad de pisotear las serpientes y los escorpiones, y de vencer todo el poder del enemigo. Esta es la palabra del testimonio. La palabra del testimonio le quita el terreno a Satanás. Cuando proclamamos la palabra del testimonio, le damos un golpe a Satanás. La obra del Señor no sólo nos ha dado la sangre que nos protege, sino también la palabra del testimonio con la cual podemos vencer a Satanás.

### Despreciar la vida de nuestra alma

Hemos hablado de la base de la victoria, pero ¿cuál es la experiencia misma de los vencedores? Se enfrentan a pruebas y a muchas dificultades; no obstante, Apocalipsis 12:11 dice: "Despreciaron la vida de su alma hasta la muerte". Esta es la actitud de los vencedores en la guerra. En este versículo la palabra "vida" tiene dos significados; uno es la vida física, y el otro es el poder del alma (la palabra "vida" puede ser traducida por "vida del alma"). Consideremos el poder del alma o nuestra capacidad natural.

Para Satanás, la mejor manera de vencernos es provocarnos a actuar con nuestra propia fuerza. Satanás quiere que actuemos por cuenta propia. El desea que ejercitemos nuestras capacidades naturales y nuestra energía carnal al obrar para Dios.

¿En qué consiste la capacidad natural? Es la capacidad que poseíamos originalmente y que nunca ha pasada por la cruz. Ella forma parte de nuestro carácter. Por ejemplo, la capacidad natural de una persona puede ser su inteligencia. En todo lo que hace, cuenta con su inteligencia. La capacidad innata de otra persona puede ser su elocuencia. El puede hablar muy bien sin tener ningún poder especial concedido por el Espíritu Santo. No obstante, el hombre no puede servir a Dios con su capacidad natural e innata que jamás ha pasado por la cruz. El fracaso de la iglesia se debe al hecho de que el hombre usa sus propias capacidades naturales. ¡Oh, todos debemos dejar que Dios nos lleve al punto en que temblemos y tengamos temor de hacer algo sin el Señor! Debemos ser tal clase de personas; no sólo aquellas que *hablan* estas cosas, sino que *son* así en realidad. Entonces seremos útiles en las manos de Dios. No estamos alentando a nadie a que pretenda ser santo. Esto resulta inútil, porque no procede de Cristo. Queremos decir que Dios quiere quebrantar todo lo que es natural en el hombre. Cristo se manifestará únicamente cuando sea aniquilados todos los elementos que se originan en nuestro yo. Debemos permitir que Dios anule el yo por medio de la cruz. Algún día debemos dejar que Dios quebrante el eje de nuestra vida natural. No debemos intentar solucionar este asunto, pieza por pieza, o detalle por detalle. Si nos preocupamos únicamente por eliminar las cosas exteriores y nuestra vida natural e interior no ha sido afectada, no es de ninguna utilidad y, además, nos llenará de orgullo. Estaremos muy satisfechos con nosotros mismos, pero resultará aún más difícil resolver el problema de nuestra condición interior.

Debe llegar el momento en que nuestra fuerza de hacer el bien y nuestra capacidad de servir a Dios sean quebrantadas. Entonces confesaremos delante de Dios y de los hombres que no podemos hacer nada. Por consiguiente, Cristo podrá manifestar Su poder sobre nosotros. Todos debemos permitir que Dios nos lleve al lugar donde entendamos que no podemos hacer nada en la iglesia mediante nuestra fuerza natural. Muchas personas opinan que mientras su motivación sea buena, eso es suficiente. Pero no es así. Cuando usted dice que está trabajando, el Señor preguntará: "¿Con qué estás trabajando?" Si usted contesta que es celoso del Señor, El preguntará: "¿De dónde procede tu celo?" Si usted afirma tener poder, el Señor preguntará: "¿Cuál es la fuente de tu poder?" No se trata de lo que usted está haciendo. El punto es: ¿con qué lo está haciendo? El problema no estriba en que lo que hacemos sea bueno o no, sino de cuál es la fuente del bien que hacemos.

Debemos aprender a experimentar la cruz. El propósito de la cruz consiste en quebrantarnos, a fin de que no nos atrevamos a actuar por nosotros mismos. Resulta inútil simplemente hablar acerca del mensaje de la cruz o escucharlo. Dios necesita personas que han pasado por la cruz y han sido quebrantadas.

El hecho de que nuestro mensaje esté correcto no es suficiente. Debemos preguntarnos: "¿Y qué de nosotros? ¿Qué clase de personas somos?" El apóstol Pablo dijo: "Pues me propuse no saber entre vosotros cosa alguna sino a Jesucristo, y a éste crucificado. Y estuve entre vosotros con debilidad, y temor y mucho temblor; y ni mi palabra ni mi proclamación fue con palabras persuasivas de sabiduría, sino con demostración del Espíritu y de poder" (1 Co. 2:2-4). La primera parte de estos versículos se refiere al mensaje de Pablo, y la segunda parte a la persona de Pablo. A menudo pensamos que cuando una persona como Pablo se pone a hablar, debe sentirse llena de sus propios recursos. Pero el mensaje de Pablo era la cruz, y él mismo era débil, y tenía temor y mucho temblor. Cada vez que conocemos la cruz, nos encontramos en debilidad, en temor y con mucho temblor. Si la cruz ha operado en nuestro ser, no tendremos ninguna confianza en nosotros mismos, y no nos atreveremos a jactarnos de algo. Si somos orgullosos, y consideramos que somos capaces, no conocemos la cruz en lo absoluto.

La obra subjetiva de la cruz que se lleva a cabo en nosotros tiene como fin eliminar todo aquello que no procede de Dios. La cruz deja solamente las cosas que provienen de Dios. No puede sacudir lo que procede de Dios, pero es eficaz para acabar con aquello que procede del hombre. Algunos hermanos han compartido que en el pasado tenían muchas maneras de ayudar a la gente a ser salva, pero después de experimentar la obra de la cruz, ésta acabó con los métodos de ellos, y parece que ahora no pueden hacer nada. Esto demuestra que todo lo que hicieron anteriormente procedía de sí mismos, porque todo lo que procede de Dios no puede ser aniquilado por la cruz. Todo lo que puede ser destruido por la cruz es ciertamente algo que proviene del hombre. Lo que pasa por la cruz y resucita viene de Dios; todo lo que no puede resucitar viene del hombre. El Señor Jesús es de Dios, pues después de ser crucificado, El resucitó. No debemos amar nada que pertenezca a la vida del alma o a la vida de la carne; más bien debemos dejar que sea aniquilado. No debemos permitir que ninguna de estas cosas permanezca en nosotros. Nuestra victoria se basa en la sangre del Cordero y en la palabra de nuestro testimonio.

Además, nuestra actitud consiste en que no vivimos por nosotros mismos en ningún aspecto; no valoramos nuestra propia capacidad ni tenemos confianza en nosotros mismos. Debemos vivir como hombres llenos de temor y temblor. Debemos estar conscientes de cuán débiles somos. El otro significado de despreciar la vida de nuestra alma es éste: no amamos nuestra vida física. Debemos estar de parte de Dios aún al precio de nuestra vida. En el libro de Job, Satanás dijo a Dios: "Piel por piel, todo lo que el hombre tiene dará por su vida" (2:4). Satanás sabe que el hombre valora su vida por encima de todo lo demás. Pero Dios dijo que los vencedores no aman su propia vida. El vencedor no se preocupa por lo que Satanás le pueda hacer. Aunque Satanás tomara su vida, él nunca se inclinaría ante Satanás, sino que permanecería siempre fiel a Dios. La actitud del vencedor consiste en poder decirle al Señor: "Lo daría todo por Ti, hasta mi propia vida".

## Capítulo cinco

## LA CIUDAD SANTA,
## LA NUEVA JERUSALEN

Ya hemos visto que la mujer mencionada en Génesis 2 es la misma mujer descrita en Efesios 5 y en Apocalipsis 12. Ahora consideremos a otra mujer, la que se encuentra en Apocalipsis 21 y 22.

Aunque los separa una larga distancia, los últimos dos capítulos de Apocalipsis corresponden a los primeros tres capítulos de Génesis. Dios creó los cielos y la tierra en Génesis, y el cielo nuevo y la tierra nueva se encuentran en los últimos dos capítulos de Apocalipsis. Tanto en Génesis como en Apocalipsis, se encuentra el árbol de la vida. En Génesis hay un río que fluye del Edén, y en Apocalipsis hay un río de agua viva que fluye del trono de Dios y del Cordero. En Génesis están el oro, la perla (bedelio), y una clase de piedra preciosa (el ónice), y en Apocalipsis están el oro, la perla y toda clase de piedras preciosas. En Génesis 2 Eva era la esposa de Adán. En Apocalipsis 21 el Cordero también tiene esposa. La esposa del Cordero es la Nueva Jerusalén, y el propósito eterno de Dios se cumple en esta mujer. En Génesis 3, después de la caída del hombre, se hallan la muerte, la enfermedad, los sufrimientos y la maldición. Pero cuando la Nueva Jerusalén desciende del cielo en Apocalipsis 21, ya no hay muerte, dolor, llanto ni sufrimientos porque las primeras cosas pasaron. Si leemos cuidadosamente las Escrituras, veremos que los capítulos del 1 al 3 de Génesis verdaderamente corresponden a Apocalipsis 21 y 22. Se presentan cara a cara en los dos extremos del tiempo.

Así que hemos visto cuatro mujeres: Eva en Génesis 2, la esposa (la iglesia) en Efesios 5, la mujer en la visión de

Apocalipsis 12, y la esposa del Cordero en Apocalipsis 21. En realidad, estas cuatro mujeres son una sola mujer, pero su historia se divide en cuatro etapas. Cuando ella fue concebida en el plan de Dios, fue llamada Eva. Cuando es redimida y manifiesta a Cristo en la tierra, es llamada la iglesia. Cuando es perseguida por el gran dragón, es la mujer en la visión. Cuando es completamente glorificada en la eternidad, es la esposa del Cordero. Estas cuatro mujeres revelan la obra de Dios desde la eternidad pasada hasta la eternidad futura. La mujer en Génesis 2 es la que Dios, en Su corazón, se propuso obtener en la eternidad pasada, y la mujer en Apocalipsis 21 es la mujer que cumple el propósito de Dios en la eternidad futura. Las otras dos mujeres que se encuentran en medio son: la iglesia preparada para Cristo por Dios, y la mujer que dará a luz un hijo varón al final de la era actual. En otras palabras, estas cuatro mujeres nos muestran las cuatro etapas de la historia de una sola mujer: una etapa pertenece a la eternidad pasada, dos etapas se encuentran entre las dos eternidades, y otra etapa está en la eternidad futura. Aunque estas cuatro mujeres parecen ser diferentes cuando hablamos de ellas por separado, son la misma mujer cuando las reunimos. La esposa del Cordero es la mujer de Efesios 5. Puesto que el Señor Jesús es el Cordero, resulta imposible que la mujer de Efesios 5 no sea la esposa del Cordero. La mujer de Efesios 5 también se asemeja a Eva, y Eva también se asemeja a la esposa del Cordero en Apocalipsis 21. Cuando haya vencedores, cuya obra representa la de toda la iglesia, la mujer de Apocalipsis 12 introducirá a la mujer de Apocalipsis 21. Como resultado, Dios en la eternidad futura obtendrá de verdad una mujer, una mujer reinante que habrá derrotado totalmente a Satanás. Ciertamente Dios conseguirá una esposa para el Cordero, y Su propósito se cumplirá. Veamos cómo la mujer de Apocalipsis 12 llega a ser la mujer de Apocalipsis 21.

### LA CAIDA DE BABILONIA

En Apocalipsis 17:1-3 y 21:9-10, se mencionan dos mujeres: una se llama la gran ramera y la otra es llamada la desposada. Apocalipsis 17:1 dice: "Vino entonces uno de los siete ángeles que tenían las siete copas, y habló conmigo diciéndome: Ven acá, y te mostraré el juicio contra la gran ramera que está sentada sobre muchas aguas". Apocalipsis 21:9 dice: "Vino entonces a mí uno de los siete ángeles que tenían las siete copas llenas de las siete plagas postreras, y habló conmigo, diciendo: Ven acá, yo te mostraré la desposada, la esposa del Cordero". En Apocalipsis 17:3 leemos: "Y me llevó en espíritu a un desierto; y vi a una mujer...". Apocalipsis 21:10 dice: "Y me llevó en espíritu a un monte grande y alto, y me mostró la ciudad santa, Jerusalén, que descendía del cielo, de Dios". Cuando el Espíritu Santo inspiró al hombre para que escribiera las Escrituras, El a propósito hizo uso de un paralelismo al señalar a estas dos mujeres para que tuviéramos plena comprensión.

Consideremos primeramente lo que se relaciona con la ramera. La ramera mencionada en Apocalipsis 17 y 18 es Babilonia, cuyas acciones disgustan a Dios a lo sumo. ¿Por qué constituye su conducta una ofensa tan grande ante Dios? ¿Qué representa Babilonia y cuál es el principio de Babilonia? ¿Por qué juzga Dios a Babilonia y por qué razón se debe esperar que sea juzgada antes de que aparezca la esposa del Cordero? Que Dios abra nuestros ojos a fin de que veamos realmente a Babilonia conforme a las Escrituras.

El nombre *Babilonia* se origina en "Babel". Recordamos la historia de la torre de Babel en la Biblia. El principio de la torre de Babel tiene que ver con el intento de construir algo en la tierra que alcance el cielo. Cuando los hombres construyeron esa torre, usaron ladrillos. Existe una diferencia básica entre el ladrillo y la piedra. La piedra es hecha por Dios, y el ladrillo por los hombres. Los ladrillos son una invención humana, un producto del hombre. El significado de Babilonia está relacionado con el hecho de que el hombre, por sus propios esfuerzos, construyera una torre que alcanzara el cielo. Babilonia representa la capacidad humana. Representa un cristianismo falso, un cristianismo que no permite que el Espíritu Santo tenga autoridad. No busca la guía del Espíritu Santo; lo hace todo por los esfuerzos humanos. Todo está hecho con ladrillos preparados por los hombres; todo depende de la acción del hombre. Las personas que se conforman a este principio no ven que ellas son limitadas; por el contrario, intentan llevar a cabo la obra del Señor por su propia capacidad natural. No adoptan una postura que les permita decir con sinceridad: "Señor, si Tú no nos concedes gracia, no podemos hacer nada". Ellos piensan que la capacidad humana puede ser suficiente para llevar a cabo los asuntos espirituales. Su intención consiste en establecer algo sobre la tierra que llegue al cielo.

No obstante, Dios nunca aceptará esto. Un hombre tiene algún talento y piensa que puede predicar después de haber estudiado un poco de teología. ¿Qué es eso? ¡Ladrillos! Otro hombre muy inteligente recibe ayuda y posee algún conocimiento y luego se hace obrero cristiano. Repetimos: ¿Qué es eso? ¡Ladrillos! A cierto hombre, por tener gran capacidad, se le pone a cargo de los asuntos de la iglesia. ¿Qué es eso? ¡Ladrillos! Todas estas cosas son intentos del hombre para construir algo que va de la tierra al cielo por la capacidad humana, por los ladrillos.

Repetimos enfáticamente que en la iglesia no hay lugar para lo humano. Lo celestial sólo puede proceder del cielo; lo terrenal jamás podrá ir al cielo. La dificultad del hombre radica en que no ve que está bajo juicio, ni que es solamente polvo y barro. Por muy alto que construya el hombre, el cielo siempre quedará más elevado. Por muy alta que sea la torre que construyen los hombres, no podrá tocar el cielo. El cielo está siempre por encima del hombre. El hombre puede subir y construir sin caerse, pero jamás podrá tocar el cielo. Dios destruyó el plan del hombre de construir la torre de Babel para mostrarle al hombre que él es inútil en los asuntos espirituales. El hombre no puede hacer nada.

En el Antiguo Testamento descubrimos otro acontecimiento que muestra claramente este principio. Cuando los israelitas entraron en la tierra de Canaán, la primera persona que cometió pecado fue Acán. ¿Qué pecado cometió Acán? El dijo: "Vi entre los despojos un manto babilónico muy bueno ... lo cual codicié y tomé" (Jos. 7:21). Acán fue seducido por un manto babilónico y cometió pecado. ¿Qué implica esta bonita vestimenta? Uno se pone un bonito manto para tener una buena apariencia. Cuando uno se viste con una vestimenta bonita, esto significa que se la pone para mejorar su aspecto y añadirse un poco de brillo. Al codiciar el manto babilónico, Acán demostró que quería mejorarse, que quería tener una mejor apariencia. Este fue el pecado de Acán.

¿Quiénes fueron los primeros en pecar en el Nuevo Testamento, después del inicio de la iglesia? Las Escrituras revelan que fueron Ananías y Safira. ¿Qué pecado cometieron? Mintieron al Espíritu Santo. No amaban al Señor lo suficiente, pero sí querían dar la impresión de amarlo mucho. Así que, estaban fingiendo ser algo que no eran. No estaban dispuestos a ofrecerle gozosamente a Dios todo lo que tenían. No obstante, ante los hombres, actuaron como si lo hubieran ofrecido todo. En esto consiste el manto babilónico.

Por lo tanto, el principio de Babilonia es el de la hipocresía. No hay nada de realidad; no obstante, las personas actúan como si la tuvieran a fin de recibir gloria de los hombres. He aquí un verdadero peligro para los hijos de Dios: fingir ser espiritual. Mucho comportamiento espiritual se hace con falsedad. Es usado como un barniz. Muchas oraciones largas son una falsificación; muchos tonos de oración son irreales. No hay ninguna realidad, pero hacen todo para aparentar que sí hay algo real. Este es el principio de Babilonia. Cada vez que nos vestimos con un manto que no corresponde con nuestra verdadera condición, nos encontramos en el principio de Babilonia.

Los hijos de Dios no saben cuántas veces se han vestido de falsedad para recibir gloria de los hombres. Esto queda diametralmente opuesto a la actitud de la novia. Todo lo que se hace con falsificación se efectúa en el principio de la ramera, y no en el principio de la novia. Es muy importante que los hijos de Dios sean librados de querer aparentar delante de los hombres. El principio de Babilonia consiste en simular para recibir gloria de los hombres. Si aspiramos a la gloria del hombre y a su posición en la iglesia, estamos participando del pecado del manto babilónico y del pecado que cometieron Ananías y Safira. La falsa consagración es pecado, y la falsa espiritualidad también es pecado. La verdadera adoración está en espíritu y con veracidad. Que Dios haga de nosotros verdaderos hombres.

En Apocalipsis 18:7 vemos otra condición de Babilonia: "Porque dice en su corazón: Yo estoy sentada como reina, y no soy viuda". Está sentada como reina. Perdió todas las características de la viudez. Ella no siente nada por la muerte y la crucifixión de nuestro Señor Jesús. Por el contrario, dice: "Estoy sentada como reina". Ella ha perdido su fidelidad; ha abandonado su verdadera meta. Este es el principio de babilónico, y es también el cristianismo corrupto.

El capítulo dieciocho nos muestra muchas otras cosas con respecto a Babilonia, especialmente con relación a los lujos que disfrutaba. En cuanto a nuestra actitud hacia las invenciones de la ciencia, podemos usar muchas cosas cuando tenemos una necesidad. Así como Pablo habló de usar el mundo (1 Co. 7:31), nuestra intención con respecto a estas cosas es simplemente usarlas. No obstante, disfrutar el lujo es algo diferente. Algunos cristianos rechazan los lujos y todas las cosas que contribuyen al disfrute de la carne. No queremos decir que no se deben usar algunas cosas, pero todo lo que se usa en exceso es lujo. Si nuestra ropa, comida o alojamiento está en exceso o simplemente, que sea más de lo que necesitamos, constituye un lujo y concuerda con el principio babilónico. Dios permite que tengamos todo lo que necesitamos, pero no permite lo que va más allá de nuestras necesidades. Debemos acomodar nuestro vivir conforme al principio de la necesidad; entonces Dios nos bendecirá. Si vivimos conforme a nuestra concupiscencia, estaremos regidos por el principio babilónico, y Dios no nos bendecirá.

Hemos visto que el principio subyacente a Babilonia consiste en mezclar las cosas del hombre con la Palabra de Dios, y las cosas de la carne con el Espíritu. Es hacer pasar algo que es de los hombres como si fuese de Dios. Es recibir la gloria de los hombres para satisfacer la concupiscencia del hombre. Por consiguiente, Babilonia es el cristianismo con mixtura y corrompido. ¿Cuál debería ser nuestra actitud hacia Babilonia? Apocalipsis 18:4 dice: "Y oí otra voz del cielo, que decía: Salid de ella, pueblo Mío, para que no seáis partícipes de sus pecados, ni recibáis sus plagas". En 2 Corintios 6:17-18 dice también: "Por lo cual, 'salid de en medio de ellos, y apartaos, dice el Señor, y no toquéis lo inmundo; y Yo os recibiré', 'y seré para vosotros por Padre, y vosotros me seréis hijos e hijas' ". Según la Palabra de Dios los hijos de Dios no pueden participar en nada que sea de índole babilónica. Dios dijo que debemos salir de toda situación donde el poder del hombre esté mezclado con el poder de Dios, donde la capacidad humana se mezcle con la obra de Dios, y donde las opiniones humanas se mezclen con la Palabra de Dios. No podemos participar en nada que sea de índole babilónica. Tenemos que abandonarlo por completo. Los hijos de Dios deben aprender, desde lo profundo de su espíritu, a apartarse de Babilonia y a juzgar todas sus acciones. Si hacemos eso, no seremos condenados juntamente con Babilonia.

Babilonia empezó con la torre de Babel. Día tras día, Babilonia se engrandece. Pero al final Dios la juzgará. Apocalipsis 19:1-4 dice: "Después de esto oí como una gran voz de gran multitud en el cielo, que decía: ¡Aleluya! La salvación y la gloria y el poder son de nuestro Dios; porque Sus juicios son verdaderos y justos; pues ha juzgado a la gran ramera que ha corrompido a la tierra con su fornicación, y ha vengado la sangre de Sus esclavos derramada por mano de ella. Y por segunda vez dijeron: ¡Aleluya! Y el humo de ella sube por los siglos de los siglos. Y los veinticuatro ancianos y los cuatro seres vivientes se postraron y adoraron a Dios, que está sentado en el trono, y decían: ¡Amén! ¡Aleluya!" Cuando Dios juzgue a la ramera, y destruya la obra de ella, y cuando eche fuera todo lo que ella es y el principio que ella representa, las voces del cielo dirán: "¡Aleluya!" El Nuevo Testamento contiene muy pocos aleluyas, y todos ellos se encuentran en este capítulo porque Babilonia, la que adulteró la Palabra de Cristo, ha sido juzgada.

El pasaje en Apocalipsis 18:2-8 nos explica la razón por la cual Babilonia cayó y fue juzgada. Anuncia las acciones pecaminosas de Babilonia y las consecuencias de su juicio. Todos los que están de acuerdo con Dios deben decir: ¡Aleluya! Porque Dios ha juzgado a Babilonia. Aunque el verdadero juicio se efectuará en el futuro, el juicio espiritual debe efectuarse ahora. Dios cumplirá el verdadero juicio en el futuro, pero nosotros tenemos que llevar a cabo el juicio espiritual ahora. Si los hijos de Dios introducen en la iglesia muchas cosas que no son espirituales, ¿cuál es nuestro sentir al respecto? ¿Acaso el hecho de que seamos todos hijos de Dios y que debamos amarnos unos a otros, significa que no debemos decir aleluya por el juicio de Dios? Debemos entender que esto no es un asunto de amor, sino de la gloria de Dios. El principio subyacente a Babilonia es confusión e inmundicia; por lo tanto, su nombre es ramera. En Apocalipsis los pocos pasajes que Dios usa para describir a Babilonia nos muestran el odio tremendo que El tiene hacia ella. "Los que destruyen la tierra", en Apocalipsis 11:18, pertenecen a esta mujer, a la cual se refiere el capítulo diecinueve, diciendo que ella "ha corrompido la tierra" (v. 2). Dios aborrece el principio subyacente a Babilonia más que cualquier otra cosa. Debemos prestar atención, en Su presencia, al hecho de que una gran parte de nuestro ser todavía no es totalmente entregado a El. Todo lo que queda a medias y que no es absoluto, se llama Babilonia. Necesitamos que Dios nos ilumine para que en Su luz juzguemos todo aquello en nuestro ser que no éste absolutamente consagrado a El en nuestro interior. Sólo cuando nos juzguemos de este modo podremos confesar que nosotros también aborrecemos el principio babilónico. Que el Señor por Su gracia nos impida buscar gloria y honor fuera de Cristo. El Señor exige que nos deleitemos en consagrarnos de manera absoluta a El y que procuremos esto de todo corazón, y no ser personas que vivan regidos por el principio subyacente a Babilonia.

Apocalipsis 19:5 dice: "Y salió del trono una voz que decía: Alabad a nuestro Dios todos Sus esclavos, y los que le teméis, así pequeños como grandes". Las proclamaciones del cielo son una característica especial del libro de Apocalipsis. Leemos expresiones tales como "una voz del cielo" y "una voz que salía del trono" (18:4; 19:5). Son declaraciones del cielo, que indican el tiempo en que Dios habla, el lugar donde El habla, y el énfasis que El da. Hay razones definidas por las cuales se hace la proclamación en Apocalipsis 19:5. Por una parte, se debe al juicio sobre la gran ramera, y por otra, señala las bodas del Cordero, que han de venir. Por consiguiente, sale una proclamación del trono de que debemos alabar a nuestro Dios. Dios ha trabajado desde la eternidad pasada y ha gastado mucha energía en Su obra para obtener alabanzas. El libro de Efesios menciona que Dios tiene una herencia en los santos. ¿Cuál es la herencia de Dios en los santos? Lo único que el hombre puede hacer por Dios es alabarle. La alabanza es la herencia de Dios en los santos. La voz del cielo proclama que todos los siervos de Dios, todos los que le pertenecen, así pequeños como grandes, deben alabarle. El propósito de Dios se debe cumplir y se cumplirá pronto. Dios debe obtener lo que busca; todos nosotros le debemos alabar.

Cuando la voz que salía del trono declaró que se debía dar alabanzas a Dios, hubo muchísimos ecos en todo el universo. Apocalipsis 19:6 dice: "Y oí como la voz de una gran multitud, como el estruendo de muchas aguas, y como el estruendo de grandes truenos, que decía: ¡Aleluya! porque el Señor nuestro Dios Todopoderoso reina!" Por una parte, hubo una declaración desde el trono, y por otra, respondieron millares de millares y miríades de miríades. Mientras Juan escuchaba, no oyó la voz de una sola persona; por el contrario, oyó la voz de una gran multitud como si fuera el estruendo de muchas aguas y el estruendo de grandes truenos. Cuando usted escuche el estruendo de una cascada grande o el de las olas del océano, se dará cuenta de lo ruidoso que puede ser el estruendo de muchas aguas. El estruendo del trueno es muy fuerte; ¡mucho mayor es el estruendo de grandes truenos! Todos estos estruendos poderosos y ensordecedores decían: ¡Aleluya! La declaración del cielo, la respuesta de todo el universo, y todas las voces decían: ¡Aleluya! porque se iba a producir un acontecimiento especial. El acontecimiento es "el Señor nuestro Dios Todopoderoso reina".

Cuando leemos esta proclamación, ¿en qué se fijan nuestros corazones? Este pasaje no dice que *nosotros* reinaremos y, por tanto, deberíamos regocijarnos y ser sumamente gozosos. Tampoco dice que recibiremos una corona y que, por lo tanto, deberíamos alabar a Dios. Dice que el Señor nuestro Dios Todopoderoso reina. Dios tiene la intención de reinar, de ejercer autoridad. Cuando Dios gobierna, es Cristo el que gobierna. Volvamos a Apocalipsis 11:15: "El reinado sobre el mundo ha pasado a nuestro Señor y a Su Cristo; y El reinará por los siglos de los siglos". "Nuestro Señor" se refiere a Dios, y "Su Cristo" se refiere a Cristo. Pero el pronombre "El" que viene después es usado de manera extraña. Puesto que el pasaje empieza por "nuestro Señor y ... Su Cristo", parece lógico que la frase siguiera con "y *ellos* reinarán por los siglos de los siglos". Gramaticalmente esto estaría correcto. Pero no está escrito así, pues sigue la frase: "Y *El* reinará por los siglos de los siglos". Esto nos ayuda a entender que el reinado del Señor es el reinado de Cristo, y el reinado de Cristo es el reinado de Dios. El reino de Dios es el reino de Cristo. El reinado de Dios es el reinado de Cristo. Puesto que Dios reina y Cristo reina, todos se alegran con gran gozo y gritan: "¡Aleluya!". Apocalipsis 19:7 continúa: "Gocémonos y alegrémonos y démosle gloria". Este es el tiempo en que Dios será glorificado. Luego, el versículo dice: "...porque han llegado las bodas del Cordero, y Su esposa se ha preparado". (*Esposa* es la traducción correcta, aunque algunos traductores usan *novia*). La autoridad de Dios ha empezado y además, el reino ha sido introducido. Además, el hombre corporativo, la Eva eterna que Dios deseaba, ha sido obtenido. Han llegado las bodas del Cordero, y Su esposa se ha preparado. Hay dos razones para alabar. Primero, Dios reina. A eso decimos: "¡Aleluya!" Segundo, Dios ha conseguido lo que El determinó tener en la eternidad pasada. A eso también decimos: "¡Aleluya!" Nosotros también debemos regocijarnos y estar sumamente gozosos, porque un día ciertamente Dios conseguirá lo que El desea. Cuando llegan las bodas del Cordero, la esposa se ha preparado.

Cuando nos miramos a nosotros mismos, parece que no puede llegar el día en que Cristo se presente una iglesia gloriosa, sin mancha ni arruga ni cosa semejante. Sin embargo, puesto que esto sí sucederá, no podemos más que decir: "¡Aleluya!" Por muchas las debilidades que existieran en el pasado y que sigan existiendo ahora, en aquel día Dios logrará cumplir el deseo que El determinó. Nunca olvide esto: en aquel día, la esposa estará lista. Por lo tanto, debemos darle gloria, y debemos decir: "¡Aleluya!"

Leamos nuevamente el versículo 7: "Gocémonos y alegrémonos y démosle gloria; porque han llegado las bodas del Cordero, y Su esposa se ha preparado". Debemos observar que este pasaje se refiere a la esposa del Cordero, y no a la novia del Cordero. Ahora sigamos y leamos 21:1-2: "Vi un cielo nuevo y una tierra nueva ... Y vi la santa ciudad, la Nueva Jerusalén, descender del cielo, de Dios, dispuesta como una novia ataviada para su marido" (gr.). ¿Cuándo suceden los acontecimientos del capítulo diecinueve, acerca de la esposa que se ha preparado? Ocurren antes del milenio. ¿Cuándo suceden los acontecimientos relatados en el capítulo veintiuno, acerca de la novia que está preparada? Ocurren después del milenio. Puesto que la Nueva Jerusalén debe esperar la llegada del cielo nuevo y la tierra nueva antes de ser la novia del Cordero, entonces ¿por qué dice que la esposa del Cordero está lista *antes* del milenio? Por favor, observe que el capítulo diecinueve no habla de las bodas del Cordero; sólo dice que han llegado las bodas del Cordero. En aquel día, si miramos atrás, veremos que la ramera ha caído, y si miramos adelante, veremos el cielo nuevo y la tierra nueva. Por lo tanto, se declara que han llegado las bodas del Cordero. En realidad, les separan mil años. Las bodas del Cordero llegarán sólo cuando hayan pasado los mil años. En realidad, la mujer es la esposa de Cristo en el cielo nuevo y la tierra nueva, y no durante el tiempo del reino.

Debemos considerar otro punto. En el capítulo doce se ve la mujer con el hijo varón y con muchos otros hijos. Pero en el capítulo diecinueve, se ve solamente la esposa. ¿Dónde están el hijo varón y los muchos hijos? Parece que han desaparecido. ¿Cómo pueden la mujer, el hijo varón, y el resto de sus hijos ser la esposa del Cordero?

Si queremos entender eso, debemos considerar el principio del hijo varón. Recuerde que el hijo varón cumple todo como si representara a toda la iglesia. En el capítulo diecinueve, se declara que la esposa se ha preparado al considerar a los vencedores. Todo el cuerpo de la iglesia debe esperar la llegada del cielo nuevo y de la tierra nueva para ser la novia. Ella no estará lista antes. Pero mil años antes de eso, se anuncia que la esposa se ha preparado. ¿Por qué se dice eso? ¿Qué clase de preparación es ésta? Esta proclamación se refiere a la preparación de los vencedores y a nadie más que los vencedores. Debido a que los vencedores están completamente listos, se puede declarar que la esposa se ha preparado.

Debemos tener presente que los logros de los vencedores no son obtenidos sólo por el bien de ellos, sino por el de toda la iglesia. La Palabra de Dios dice que cuando un miembro es glorificado, todos los miembros se regocijan con él (1 Co. 12:26). Los vencedores pelean contra Satanás por el bien de todo el Cuerpo. La victoria de ellos beneficia al conjunto. Por consiguiente, la preparación mencionada en el capítulo diecinueve tiene que ver con el asunto de la vida. Por tener más madurez de vida, los vencedores están listos. Puesto que los vencedores están listos delante de Dios, El considera su preparación como la preparación de todo el Cuerpo.

¿Nos damos cuenta de la importancia de esto? Debemos recordar este punto: toda nuestra búsqueda y todo nuestro crecimiento no nos beneficia a nosotros como individuos, sino al Cuerpo. Lo que cada miembro recibe de Dios es para todo el Cuerpo. Cuando los oídos de usted oyen una palabra, no puede decir que "usted" no ha oído, porque sus oídos están unidos a su cuerpo. Cuando su boca dice algo equivocado, no puede negar que "usted" ha hablado mal, porque su boca y su cuerpo están unidos. De la misma manera, todo lo que llevan a cabo los vencedores constituye el logro de todo el Cuerpo. Puesto que el Señor es la Cabeza de la iglesia, todo lo que El ha cumplido en la cruz pertenece a la iglesia. Del mismo modo, cuando recibimos beneficio de la Cabeza, también nos beneficiamos del Cuerpo. Cuando participamos de lo que el Señor ha logrado, también participamos de lo que los miembros han logrado. Cuando Dios ve que los vencedores están listos, El lo considera como la preparación de toda la iglesia. Por consiguiente, se puede decir que la esposa se ha preparado.

La preparación de la esposa se refiere especialmente a sus vestiduras. El versículo 19:8 dice: "Y a ella se le ha concedido que se vista de lino fino, resplandeciente y limpio; porque el lino fino es las acciones justas de los santos". Las Escrituras revelan que existen dos clases de vestiduras para los cristianos. La primera es el Señor Jesús. El Señor Jesús es nuestra vestimenta. La segunda es la vestidura de lino fino, resplandeciente y limpia, mencionada en el versículo 8. Cada vez que nos presentamos delante de Dios, el Señor Jesús es nuestra vestidura. El es nuestra justicia, y nos revestimos de El cuando nos acercamos a Dios. Esta vestidura es la vestimenta general; cada santo está vestido delante de Dios y no puede ser hallado desnudo. Por otra parte, cuando seamos presentados ante Cristo, debemos estar ataviados de lino fino, resplandeciente y limpio. Esto es las acciones justas de los santos. La expresión "acciones justas" significa una sucesión de obras justas, una tras otra. Todas estas obras justas forman nuestra vestidura de lino fino. Cuando fuimos salvos, empezamos a obtener una vestidura de lino fino como adorno: las acciones justas de los santos.

También podemos ver estas dos clases de vestiduras para el cristiano en el salmo 45. El versículo 13 dice: "Toda gloriosa es la hija del rey en su morada; de brocado de oro es su vestido". Su vestido es hecho de oro, oro brocado. El versículo 14 añade: "Con vestidos bordados será llevada al Rey". Los vestidos mencionados en los versículos 13 y 14 son diferentes. En el versículo 13 el vestido es de oro, pero en el versículo 14 el vestido es una obra bordada. Las vestiduras de lino fino en Apocalipsis 19 son vestidos bordados; no son de oro.

Entonces, ¿qué es el oro? El Señor Jesús es oro. El es oro porque El es enteramente de Dios. La justicia que el Señor Jesús nos dio, el vestido que El puso sobre nosotros cuando fuimos salvos era algo de oro. Aparte de este vestido, hemos estado bordando otra vestidura desde el día en que recibimos la salvación. Esto se relaciona con las acciones justas de los santos. En otras palabras, Dios nos da el vestido de oro por medio del Señor Jesús, mientras que el Señor Jesús nos da el vestido bordado mediante el Espíritu Santo. Cuando creímos en el Señor, Dios nos dio un vestido de oro por medio del Señor Jesús. Este vestido es el Señor Jesús mismo, y no tiene nada que ver con nuestra conducta. El nos lo proveyó, ya hecho. No obstante, el vestido bordado está relacionado con nuestras acciones. Es bordado punto tras punto por la obra del Espíritu Santo en nosotros día tras día.

¿Cuál es el significado del bordado? Originalmente, hay un pedazo de tela que no tiene nada encima. Más adelante, se cose algo en ella con un hilo, y con esta costura, la tela original y el hilo llegan a ser uno. Esto significa que cuando el Espíritu de Dios obra sobre nosotros, El nos imparte el elemento de Cristo hasta que Cristo sea nuestra constitución: esto es el bordado. Entonces no tendremos solamente un vestido de oro, sino también un vestido bordado por el Espíritu Santo. Con esta obra, Cristo llegará a ser nuestra constitución y será expresado por nosotros. Este vestido bordado es las acciones justas de los santos. No se hace de una vez y por todas, sino que se repite continuamente día tras día hasta que Dios declare que está listo.

Algunas personas preguntarán de qué acciones justas se habla específicamente aquí. Los evangelios relatan muchas acciones justas, como por ejemplo cuando María expresaba su amor por el Señor ungiéndole con un ungüento. Esta acción justa puede ser uno de los hilos entretejidos en su vestido de lino fino. Hubo otras personas, como Juana, la esposa de Chuza, y muchas otras mujeres que por amor al Señor le ministraron proveyéndole lo que necesitaban El y Sus discípulos. Estas acciones también son justas. Nuestro corazón a menudo es tocado por el amor del Señor, y lo expresamos exteriormente. Estas son nuestras acciones justas, nuestro vestido de lino fino. Este es el bordado que se entreteje ahora. Toda expresión que proceda de nuestro amor por el Señor y que es hecha por medio del Espíritu Santo es un punto entre los miles de otros puntos en el bordado. La Biblia afirma que todo aquel que sólo da un vaso de agua fresca a un pequeño de ninguna manera perderá su recompensa. Es una acción justa que se hace por amor al Señor. Cuando tenemos alguna expresión o acción de amor por el Señor, ésta es una acción justa.

Apocalipsis 7:9 dice que el vestido es una vestidura blanca. Fue limpiado y blanqueado en la sangre del Cordero. Debemos recordar que la sangre es lo único que nos puede limpiar y blanquear. No sólo debemos ser limpiados de nuestros pecados, sino que también debemos ser limpiados de nuestro buen comportamiento, el cual también sólo puede ser blanqueado al ser limpiado en la sangre. No existe ni un solo acto del cristiano que sea originalmente blanco. Aunque hagamos algunas acciones justas, están mezcladas y no son puras. A menudo hemos sido amables con los demás, pero en nuestro interior, no estábamos dispuestos a ser así. A menudo hemos sido pacientes para con otros, pero cuando fuimos a casa murmuramos. Por consiguiente, después de llevar a cabo una acción justa, seguimos necesitando el lavamiento de la sangre. Necesitamos la sangre del Señor Jesús para que nos limpie de los pecados que cometemos, y también necesitamos la sangre del Señor Jesús para que limpie nuestras acciones justas.

Ningún cristiano podrá hacer un vestido que sea de una blancura pura. Aun cuando pudiésemos hacer un vestido que fuese puro en un noventa y nueve por ciento, todavía quedaría un uno por ciento de mezcla. Ante Dios, ningún hombre es totalmente sin mancha. Incluso las buenas obras que proceden de nuestro amor por el Señor necesitan el lavamiento de la sangre. Un hombre muy espiritual dijo una vez que hasta las lágrimas que vertía por el pecado debían ser limpiadas por la sangre. ¡Oh, hasta las lágrimas de arrepentimiento deben ser limpiadas por la sangre! Por lo tanto, Apocalipsis 7:14 indica que sus vestiduras fueron blanqueadas en la sangre del Cordero. No poseemos nada de lo cual podamos jactarnos. Del exterior al interior, nada es completamente puro. Cuanto más nos conocemos, más nos damos cuenta de lo sucio que somos. Nuestras mejores obras y nuestras mejores intenciones están mezcladas con inmundicia. Sin el lavamiento de la sangre, no podemos ser blanqueados.

Pero los vestidos no son solamente blancos; también son resplandecientes o brillantes (19:8). El significado de brillo es resplandeciente. La blancura tiene la tendencia de apagarse, de ser pálida y ordinaria. Pero este vestido no es solamente blanco, sino que resplandece. Antes de que Eva pecara quizás era blanca, pero de ninguna manera podía resplandecer. Antes de la caída, Eva no tenía pecado; sin embargo, sólo era inocente y no santa. Dios no sólo exige que seamos blancos, sino que también resplandezcamos. La blancura tiene un aspecto pasivo, inactivo, pero el resplandor tiene un aspecto positivo y activo.

Por consiguiente, no debemos temer las dificultades, ni tampoco anhelar andar por un camino allanado, porque los días difíciles pueden hacernos resplandecer. Con algunos cristianos, no sentimos que hayan pecado ni que estén equivocados en algo. Por el contrario, nos parecen bastante buenos en casi todos los aspectos. Pero no vemos ningún resplandor. Su bondad es una bondad ordinaria. Son blancos, pero no resplandecen. No obstante, hay otros cristianos que pasan continuamente por pruebas y sufrimientos. A menudo tiemblan tanto que dan la impresión de que ciertamente se caerán; pero siguen de pie. Después de cierto tiempo estos cristianos obtienen una calidad resplandeciente. Resplandecen en su carácter y en sus virtudes. No son ordinarios, sino resplandecientes; no son solamente blancos, sino que brillan.

Dios está obrando continuamente en nosotros. El siempre trabaja sobre nosotros para que seamos blancos, y El está laborando continuamente sobre nosotros a fin de que resplandezcamos. El anhela que brillemos. Por consiguiente, debemos pagar un alto precio. Debemos estar dispuestos a que nos sobrevengan toda clase de dificultades. De otro modo, nunca podremos resplandecer. La blancura no basta; Dios exige que se vea en nosotros un resplandor positivo. El temor a la dificultad, a tener problemas, y el anhelo por una vida placentera nos harán perder nuestro brillo. Cuanto más dificultades encontramos, más podemos resplandecer. Las personas que llevan una vida fácil y ordinaria quizás sean blancas, pero nunca resplandecerán.

Este vestido es de lino fino. Las Escrituras nos enseñan que la lana y el lino tienen significados distintos. La lana denota la obra del Señor Jesús y el lino fino denota la obra del Espíritu Santo. Isaías 53:7 describe al Señor Jesús como una oveja enmudecida delante de sus trasquiladores. En este versículo podemos ver que la lana posee el carácter de la redención. No obstante, el lino fino no acarrea ningún carácter de redención. Es el producto de una planta; no está asociado con la sangre. El lino fino es el producto de la obra del Espíritu Santo dentro del hombre. El vestido de lino fino indica que Dios no sólo exige que el hombre tenga la justicia de Dios, sino que tenga también sus propias acciones justas. Dios no sólo intenta obtener Su justicia en nosotros, sino que también tiene la intención de conseguir muchas acciones justas en nosotros.

"Y a ella se le ha concedido que se vista de lino fino, resplandeciente y limpio" (Ap. 19:8). Todas las obras, todas las acciones justas exteriores, son producidas por la gracia. "A ella se le ha concedido..." Las obras no son hechas por el hombre natural; son el producto de la obra del Espíritu Santo en el hombre. Debemos aprender a acudir al Señor y decir con expectación: "Señor, concédeme la gracia. Señor, concédemela". ¡Qué bueno es esto: el vestido nos es dado por gracia! Si decimos que nosotros hicimos el vestido, es cierto; fue verdaderamente elaborado por nosotros. Pero por otro lado, Dios nos lo da, porque no podemos producir nada cuando dependemos de nosotros mismos. El Señor lo lleva a cabo en nosotros por medio del Espíritu Santo.

Frecuentemente pensamos que una carga pesa mucho. Queremos escapar, casi suplicando al Señor: "¡Oh, Señor, libérame!" Pero debemos cambiar nuestra oración y decir: "Señor, ayúdame a llevar la carga. Señor, ayúdame a aguantarla. Hazme blanco y concédeme el ser vestido con ropa resplandeciente".

Apocalipsis 19:9 dice: "Y me dijo [el ángel]: Escribe..." Dios habló, y pidió a Juan que lo escribiera. ¿Qué escribió? "Bienaventurados los que son llamados a la cena de las bodas del Cordero". El ángel dijo: "Estas son palabras verdaderas de Dios". Oh, no existe privilegio más grande, posición más elevada que ser llamados a las bodas del Cordero. "Estas son palabras verdaderas de Dios". Dios pone en claro que éstas son Sus palabras verdaderas. Debemos aceptarlas, debemos prestar atención a ellas, y recordarlas.

¿Cuál es la diferencia entre los que son llamados a la cena de las bodas y la desposada del Cordero? La novia es un grupo escogido: el nuevo hombre. Pero los que son llamados a la cena de las bodas son una multitud de individuos: los vencedores. La cena de las bodas del Cordero se refiere a la era del reino. Los llamados estarán juntamente con el Señor disfrutando de una comunión única y especial, que nadie haya probado antes. El Señor dijo por medio del ángel: "Bienaventurados los que son llamados a la cena de las bodas del Cordero ... Estas son palabras verdaderas de Dios". Que Dios nos permita, por el bien de El mismo, disfrutar de esta comunión especial con El. Que El haga de nosotros los que humildemente buscan satisfacer el deseo de Su corazón. Que nos haga los que suministran vida por el bien de la iglesia. Y que El nos permita ser los vencedores por el bien del reino.

### EL CIELO NUEVO Y LA TIERRA NUEVA

Leamos Apocalipsis 21:1 "Vi un cielo nuevo y una tierra nueva; porque el primer cielo y la primera tierra pasaron, y el mar ya no existía". De nuevo, vemos que estamos al lado opuesto de Génesis. En Génesis 1, el cielo y la tierra son el cielo y la tierra originales, pero en este versículo descubrimos un cielo nuevo y una tierra nueva. En Génesis existía el mar, pero en este versículo el mar ya no existe.

El versículo 2 continúa: "Y vi la santa ciudad, la Nueva Jerusalén, descender del cielo, de Dios, dispuesta como una novia ataviada para su marido" (gr.). El capítulo diecinueve declara que las bodas del Cordero han llegado y que Su esposa se ha preparado. Pero en este capítulo, la Nueva Jerusalén se prepara como una novia ataviada para su marido. Esta es la realidad. Apocalipsis contiene muchas declaraciones, pero la más importante se encuentra en Apocalipsis 11:15. En la cronología de los acontecimientos, el hijo varón es arrebatado y el dragón es expulsado del cielo después de esta declaración. Entonces ¿cómo se podrá decir en aquel momento: "El reinado sobre el mundo ha pasado a nuestro Señor y a Su Cristo"? Se debe al hecho de que la declaración fue pronunciada al principio, y no cuando se producen los acontecimientos. Esto significa que los eventos han llegado a un punto decisivo. Cuando los eventos empiezan a cambiar en favor del propósito eterno de Dios, El puede pronunciar tal declaración en el cielo. En el capítulo diecinueve, Dios pronuncia otra declaración, diciendo que las bodas del Cordero han llegado y que Su esposa se ha preparado. También esta declaración es pronunciada en el punto de partida de los acontecimientos que están por suceder. Dios puede declarar que han llegado las bodas del Cordero y que la esposa se ha preparado porque los vencedores representan a la novia y porque a los ojos de Dios este grupo de personas está listo. Sin embargo, esto se cumple plenamente en el cielo nuevo y la tierra nueva. En Apocalipsis 21:2 Juan vio realmente la Nueva Jerusalén descender del cielo, de Dios. En aquel tiempo la novia estaba verdaderamente lista en todos los sentidos. No se trata solamente de la preparación mencionada en el capítulo diecinueve, sino de la preparación en realidad.

Ahora debemos volver a Efesios 5:26 y 27: "Para santificarla, purificándola por el lavamiento del agua en la palabra, a fin de presentársela a Sí mismo, una iglesia gloriosa, que no tuviese mancha ni arruga ni cosa semejante, sino que fuese santa y sin defecto". La expresión "a fin de presentársela a Sí mismo" se cumple en Apocalipsis 21. Ahora, delante de Dios, la novia está lista para ser presentada al Señor. Ya no resulta difícil entender "como una novia ataviada" (gr.). Al final de la era del reino, toda la iglesia será llevada a este punto. En aquel día veremos claramente lo que no logramos ver ahora. Hoy en día podemos decir que la norma de Dios para la iglesia es una norma elevada, y tal vez nos preguntemos cómo la iglesia podrá alcanzar esta condición. Quizás no sepamos cómo Dios lo hará, pero sí sabemos que la iglesia alcanzará esa posición cuando lleguen el cielo nuevo y la tierra nueva. Es posible que algunas personas piensen que la iglesia alcanzará la etapa de Efesios 5 antes de la era del reino. Pero el Señor nunca dijo eso. La iglesia no llegará a esa etapa antes de Apocalipsis 21. Cuando lleguen el cielo nuevo y la tierra nueva, no habrá solamente un grupo de santos perfeccionados, sino que allí estarán todos los santos, todo el Cuerpo, de todas las naciones y de todas las edades. Todos estarán delante de Dios y serán glorificados en Su presencia.

Apocalipsis 21:3 dice: "Y oí una gran voz que salía del trono que decía: He aquí el tabernáculo de Dios con los hombres, y El fijará Su tabernáculo con ellos; y ellos serán Su pueblo, y Dios mismo estará con ellos y será su Dios". Este versículo revela cómo serán el cielo nuevo y la tierra nueva. El cielo nuevo y la tierra nueva están en la bendición eterna, y aquí se habla de bendición positiva. Después de este versículo vemos unas aseveraciones de cosas que ya no habrá más. Estos son aspectos negativos, y no positivos. ¿Cuál es la bendición positiva y eterna? Es ésta: Dios estará con nosotros. La presencia de Dios es la bendición. Todo lo que las Escrituras dijeron acerca de la bendición eterna se encuentra resumido en estas palabras: "Dios mismo estará con ellos". El peor sufrimiento consiste en no estar en la presencia de Dios. Sin embargo, todo el disfrute que se tendrá en la eternidad será la presencia de Dios. La bendición de ese día no será otra cosa que la presencia misma de Dios con nosotros. Salomón dijo una vez: "He aquí que los cielos, los cielos de los cielos, no te pueden contener; ¿cuánto menos esta casa que yo he edificado?" (1 R. 8:27). Los cielos y los cielos de los cielos no le pueden contener, pero podemos decir que la Nueva Jerusalén le puede contener. Dios mora en la Nueva Jerusalén, y el trono de Dios está establecido allí.

La Nueva Jerusalén es la mujer que hemos estado considerando. En Génesis vimos un huerto y una mujer. Esta mujer pecó, y Dios la sacó del huerto. Ahora en el cielo nuevo y la tierra nueva, la mujer y la ciudad santa son uno; dejaron de ser dos entidades separadas. Puesto que la Nueva Jerusalén es la mujer, la esposa del Cordero, la mujer y la ciudad santa son uno. Hay más aún: el trono de Dios está establecido en la Nueva Jerusalén, o también podemos decir que Dios mismo mora dentro de esta mujer. El Todopoderoso mora en ella. Por consiguiente, no importa cuán fuerte sea la oposición o la tentación que venga de afuera; los poderes malignos ya no podrán entrar, ni el hombre podrá caer de nuevo, porque Dios mora en ella. La bendición del cielo nuevo y de la tierra nueva es la presencia de Dios. Todos los que han probado algo de la presencia de Dios en su experiencia saben que es verdaderamente una bendición. No existe una bendición más grande o más preciosa que ésta.

Leamos nuevamente la última parte del versículo 3: "Y El fijará Su tabernáculo con ellos; y ellos serán Su pueblo, y Dios mismo estará con ellos y será su Dios". ¿Vemos la relación entre Dios y el hombre? ¿Qué significa realmente el hecho de que somos el pueblo de Dios? Significa que Dios morará con nosotros, y por tanto, que seremos Su pueblo. ¿Que quiere decir el hecho de que Dios sea nuestro Dios? Significa que Dios estará con nosotros, y por consiguiente que El será nuestro Dios. Cuando estamos fuera de Su presencia, El no puede ser nuestro Dios. En la eternidad la bendición más grande y más elevada consiste en que Dios estará con nosotros y será nuestro Dios.

El versículo 4 dice: "Enjugará Dios toda lágrima de los ojos de ellos; y ya no habrá muerte, ni habrá más lamento, ni clamor, ni dolor, porque las primeras cosas pasaron" (gr.). Todo hombre ha derramado lágrimas, pero en el cielo nuevo y en la tierra nueva recibirán esta bendición: Dios enjugará toda lágrima de los ojos de ellos. La muerte no es más que la consecuencia de la caída. Pero en el cielo nuevo y la tierra nueva, ya no habrá más muerte. El último enemigo será abolido. La tristeza y el lamento son el dolor de nuestro corazón, el sentido del sufrimiento interior; el clamor es una expresión exterior. El dolor es el sufrimiento de nuestro cuerpo físico. Pero Dios acabará con todas estas cosas. Todas ellas se resumen en estas palabras: toda lágrima, muerte, lamento, clamor, dolor. Pero ya no existirán; pasarán. El versículo 5 dice: "Y el que está sentado en el trono dijo: He aquí, Yo hago nuevas todas las cosas". Hoy en día nos enfrentamos a esta dificultad: aunque somos la nueva creación, seguimos viviendo en la vieja creación. Pero en aquel día todas las cosas serán nuevas; todo estará en la nueva creación. Tanto el ser interior como el exterior serán nuevos. Todo el entorno y todo allí dentro será nuevo. Esto es llamado la eternidad. La nueva creación es para nosotros. Nuestros corazones serán satisfechos únicamente cuando todas las cosas estén en la nueva creación. Isaías 6 habla de una experiencia dolorosa que todos compartimos: "Soy hombre inmundo de labios". Además, vemos otra experiencia dolorosa allí: "Y habitando en medio de un pueblo que tiene labios inmundos". Pero en aquel día, todo lo que nos rodee estará en la nueva creación. Aquel día será completamente glorioso.

Apocalipsis 21:5 continúa: "Y me dijo: Escribe; porque estas palabras son fieles y verdaderas". ¡Cuán bueno es esto! Dios le dio estas palabras a Juan y le pidió que las escribiera. No se perderá ni una jota ni una tilde de lo que está escrito. ¡Estas palabras son fieles y verdaderas! La culminación de nuestra fe consiste en que veremos la victoria final de Dios.

En el versículo 6 Dios dijo a Juan: "Hecho está". ¿Sobre qué base le podía decir Dios a Juan que está hecho? El puede decir esto porque El es "el Alfa y la Omega, el Principio y el Fin". A menudo parece que la obra de Dios no ha tenido éxito, pero El dice: "Yo soy el Alfa y la Omega". Dios hizo el diseño original, y también lo llevará a cabo hasta cumplirlo completamente. ¡Cuánto agradecemos a Dios porque El es el Alfa, el iniciador de todas las cosas! Génesis 1:1 dice: "En el principio Dios..." Cuando los cielos y la tierra fueron creados, Dios diseñó todo. Todas las cosas tuvieron su inicio en Dios. Al mismo tiempo, El también es la Omega. El hombre puede fracasar, y lo hará. El hombre puede decir lo que quiere, pero Dios tiene la última palabra. El es la Omega.

Dios habló estas cosas porque El quiere decirnos que cumplirá Su plan, alcanzará Su meta, y realizará lo que El inició. Reconocemos que la obra de Satanás interrumpió efectivamente la obra de Dios, pero reconocemos también que Dios no es solamente el Alfa que tuvo un propósito en el principio, sino también la Omega que finalmente tendrá éxito. Dios no se da por vencido, y El nunca dejará Su propósito sin cumplir. En la meta de Dios, la iglesia no tendrá mancha ni arruga ni cosa semejante, no importa cuál sea su condición actual. Además será vestida de gloria y presentada al Hijo.

Cuando vemos a los hijos de Dios divididos en la fe, la doctrina y las prácticas, nos preguntamos cómo podrán llegar algún día a la unidad de la fe, conforme a Efesios 4. A menudo damos un suspiro y decimos que eso no podrá suceder jamás, aún cuando esperemos dos mil años más. Pero Dios dijo que El es la Omega. Llegará el día en que El tenga una iglesia gloriosa delante de El. Quizás use agua o fuego, pero ciertamente tendrá una iglesia gloriosa. No podemos impedir a Dios que haga algo. El conseguirá lo que le satisfaga. Por muy débiles, indiferentes o duros que seamos, llegará el día en que Dios nos reducirá en pedazos. El nos quebrantará y nos destrozará para que lleguemos a ser lo que El desea. Dios es la Omega. Dios lo está haciendo, y por lo tanto, lo seguirá haciendo hasta el fin. Nunca se dará por vencido. Alabémosle con gozo. ¡El debe alcanzar Su meta!

El versículo 6 continúa: "Al que tenga sed, Yo le daré gratuitamente de la fuente del agua de la vida". Aquí el énfasis no está en la redención, sino en nuestra necesidad de tener a Dios. Tener sed equivale a necesitar a Dios. No tener a Dios equivale a no tener agua. Por consiguiente, la fuente del agua de la vida sirve para satisfacer a los que tienen sed.

Ahora debemos prestar más atención al versículo 7. Cuánto agradecemos a Dios por la promesa tan preciosa de este versículo, donde vemos lo que obtendrán los vencedores. Aquí los vencedores son distintos de los vencedores mencionados en Apocalipsis 2 y 3. En los capítulos 2 y 3 los vencedores son un grupo de personas que vienen de toda la iglesia, mientras que los vencedores aquí están relacionados con "aquel que tiene sed". El versículo anterior dice: "Al que tenga sed, Yo le daré gratuitamente de la fuente del agua de la vida". Luego el versículo 7 dice: "El que venza heredará estas cosas". En otras palabras, los que beben de la fuente del agua de la vida son los vencedores mencionados aquí. Estos vencedores son diferentes de aquellos que no beben de esta agua. Esta clase de victoria es la misma que vemos en 1 Juan 5:4: "Porque todo lo que es nacido de Dios vence al mundo; y ésta es la victoria que ha vencido al mundo, nuestra fe". Los que nacieron de Dios, los que le pertenecen, tienen fe. Los que no pertenecen al Señor no tienen fe. Y esta fe nos permite vencer al mundo. Por cierto, esto debería alegrarnos; deberíamos estar muy gozosos y gritar: "¡Aleluya!". ¡En el cielo nuevo y la tierra nueva todos somos vencedores! En la era del reino, el hijo varón está constituido de una minoría, pero en la Nueva Jerusalén, todo el Cuerpo vence. En la Nueva Jerusalén, todo gira en torno de la fe. Si tenemos fe, somos vencedores.

En aquel día Dios enjugará toda lágrima de nuestros ojos; y ya no habrá muerte, ni lamento, ni clamor, ni dolor, porque las primeras cosas habrán pasado. Pero todas estas cosas son aspectos negativos. Lo positivo es: "El fijará tabernáculo con ellos, y ellos serán Su pueblo". En el versículo 7, Dios dice también: "Y Yo seré su Dios, y él será Mi hijo". Por lo tanto, delante de Dios nosotros los cristianos no nos limitamos a ser Su pueblo; somos Sus hijos. Dios quiere que muchos hijos entren en la gloria. Damos gracias a Dios y lo alabamos porque El dijo: "Y Yo seré su Dios, y él será Mi hijo". No existe bendición más elevada que está en la eternidad.

El versículo 8 dice: "Pero los cobardes e incrédulos, los abominables y homicidas, los fornicarios y hechiceros, los idólatras y todos los mentirosos tendrán su parte en el lago que arde con fuego y azufre, que es la muerte segunda". Así como la bendición eterna es un hecho, también lo es el castigo eterno. El castigo que procede del Dios de amor es inevitable y uno no se puede escapar de ello. Esto constituye una seria advertencia para todos.

### LA CIUDAD SANTA DESCIENDE DEL CIELO

Veamos ahora los detalles de la ciudad santa, la Nueva Jerusalén. Apocalipsis 21:9-10 dice: "Vino entonces a mí uno de los siete ángeles que tenían las siete copas llenas de las siete plagas postreras, y habló conmigo, diciendo: Ven acá, yo te mostraré la desposada, la esposa del Cordero. Y me llevó en el espíritu a un monte grande y alto, y me mostró la ciudad santa, Jerusalén, que descendía del cielo, de Dios".

Cuando el ángel quiso mostrarle a Juan la gran ramera de Apocalipsis 17:1-3, lo condujo al desierto. A los ojos de Dios y de los que son inspirados por el Espíritu Santo, la ramera es la que habita en el desierto. Vive en un lugar donde no hay ni vida ni fruto: una tierra desolada. Hoy en día, los hombres pueden contemplar edificios eclesiásticos altos, pueden participar en servicios dominicales bien preparados, y pueden admirar la habilidad del hombre, pero ante Dios, todo lo que se origina en Babilonia está en el desierto; está desolado.

Cuando el ángel le mostró a Juan la esposa del Cordero, lo llevó a un monte grande y alto. Allí le mostró la ciudad santa, Jerusalén, que descendía del cielo, de Dios. Juan contempló esta visión desde un monte alto. Esto revela que si queremos recibir la visión eterna de Dios, debemos dejar que El nos lleve a un monte grande y alto. Espiritualmente, si no permanecemos en un monte alto, no veremos a los que viven en la llanura, no veremos la Nueva Jerusalén, ni la obra consumada de Dios. Cuando Moisés alcanzó el río Jordán con los hijos de Israel, ¿qué le dijo Dios? El le mandó que subiera a la cima del monte Pisga y que mirara la tierra que El había prometido. Esto nos muestra también que para recibir visión y revelación, y para contemplar el plan de Dios, debemos estar en las alturas.

Nunca piense que todo lo que hace falta es llevar una vida cristiana ordinaria día tras día, sin cometer ningún pecado grave. Debemos darnos cuenta de que cada vez que adoptamos esta posición, el plan eterno de Dios para nosotros no es nada más que doctrina y conocimiento. Debemos tener el anhelo de subir espiritualmente y de conseguir algún logro espiritual. Debemos sentir el deseo de subir a un monte alto. Solamente cuando hagamos eso podremos ver la Nueva Jerusalén.

Dios llevará a cabo todo lo que El desea. Lo que Dios se ha propuesto en la eternidad pasada, lo obtendrá en la eternidad futura. Primero, debe haber vencedores para introducir el reino, y luego debe haber vencedores para introducir el cielo nuevo y la tierra nueva. Pero el problema es éste: ¿quienes serán los vencedores? Para ser vencedores, necesitamos la revelación. Sin revelación, resulta fácil tomar cualquier cosa como enseñanza. Pero debemos recordar que el conocimiento nunca puede producir fruto; la revelación es lo único que lo puede lograr. No obstante, si queremos tener revelación debemos ir a un monte alto; no podemos morar en la llanura. Resulta algo difícil escalar un monte porque debemos ejercer nuestra fuerza para subir. No podemos alcanzar la cima sin esfuerzos. Que Dios nos conceda este logro espiritual y nos libre de la llanura. No debemos imaginarnos que todo lo que hace falta es ser salvos, sin anhelar nada más. Dios debe salvarnos de este nivel inferior de vida y mostrarnos el deseo de Su corazón. Recibiremos revelación únicamente cuando estemos en el monte alto.

Después de ver la Nueva Jerusalén, Juan hizo algo insensato: se postró para adorar a los pies del ángel. Esta acción, aunque es insensata, tiene bastante significado. Juan fue el último de los doce apóstoles en partir de este mundo. Su conocimiento, sus obras, su amor, y su experiencia eran superiores a los nuestros; sin embargo, en el libro de Apocalipsis, vemos que él cometió esta insensatez en dos ocasiones. El quiso adorar a los ángeles dos veces: la primera en 19:10 y la otra en 22:8. Lo que hizo Juan fue ilegítimo y se le dijo: "No hagas eso", pero indica que Juan era una persona que siempre se entregaba por completo y también muestra el gran aprecio que tenía por el plan y la obra de Dios. En esta situación, él no se pudo contener e hizo algo insensato. Su acción estaba equivocada, pero su corazón era justo. Esto nos muestra la actitud que debemos tener cuando recibimos la visión de Dios. Que el Señor también nos conceda recibir esta visión. Que El nos permita subir a las alturas para ver la Nueva Jerusalén. ¡Oh, que todo nuestro ser sea dedicado al éxito de esta visión y a nada más!

El ángel dijo a Juan: "Yo te mostraré la desposada, la esposa del Cordero" (21:9). El ángel dijo que le mostraría la esposa del Cordero, pero Juan vio "la ciudad santa, Jerusalén, que descendía del cielo, de Dios" (v. 10). La esposa del Cordero, la cual vio Juan, era la ciudad santa, Jerusalén.

Por consiguiente, la descripción de la ciudad también es la descripción de la esposa del Cordero. La ciudad es una figura, que describe las características y la condición espiritual del Cuerpo colectivo que Dios escogió antes de la creación.

Esta ciudad desciende del cielo, de Dios. Esto significa que Dios no se preocupa solamente por el destino de este hombre corporativo, sino también por su lugar de procedencia. No se trata solamente del futuro, sino de la fuente. La esposa del Cordero desciende del cielo. La Nueva Jerusalén viene del cielo, y no de la tierra. Dios no nos muestra a un hombre con un pasado pecaminoso, y que luego fue salvo. (Eso no quiere decir que no tenemos esta historia de pecado y que no necesitamos arrepentirnos y ser salvos por gracia.) Por el contrario, este pasaje nos muestra únicamente la porción que procede de Dios. Nos muestra la iglesia gloriosa de Efesios 5 que será presentada a Cristo.

En el Antiguo Testamento, una sola mujer representa de una manera especial a la iglesia que será ofrecida a Cristo. Esta es Rebeca. Abraham dijo a su viejo siervo: "No tomarás para mi hijo mujer de las hijas de los cananeos, entre los cuales yo habito; sino que irás a mi tierra y a mi parentela, y tomarás mujer para mi hijo Isaac" (Gn. 24:3-4). Rebeca no habitaba en la tierra que se encontraba al oeste del río Eufrates, ni al oeste del Jordán, sino que era de la parentela de Isaac.

Dios desea conseguir un hombre corporativo que proceda de la parentela de Cristo. Puesto que Cristo viene del cielo, la iglesia también debe venir del cielo. Por tanto, leemos en Hebreos 2:11: "Porque todos, así el que santifica como los que son santificados, de uno son; por lo cual no se avergüenza de llamarlos hermanos". ¿Quiénes son hermanos? Los hermanos son los que nacen de la misma madre y del mismo padre. ¡Cuánto agradecemos a Dios porque, por un lado, nos compró con la preciosa sangre del Señor y, por otro, nacimos verdaderamente de Dios! La historia de cada cristiano tiene dos aspectos: 1) exteriormente fuimos comprados por Dios, 2) interiormente nacimos de Dios. Desde la perspectiva de nuestro pasado pecaminoso, fuimos comprados exteriormente; pero desde el punto de vista de nuestra historia fuera del pecado, hemos nacido de Dios, pues todo aquel que es nacido de Dios no puede pecar. Esta porción no tiene ningún comienzo de pecado ni historia de pecado. El hecho de que la Nueva Jerusalén desciende de Dios implica que la iglesia nunca ha estado en esta tierra. Parece que la iglesia desciende a la tierra por primera vez. Esto no quiere decir que no nos presentamos ante Dios como pecadores, sino que dentro de nosotros hay una porción que viene de Dios y es completamente de Dios. ¡Cuánto debemos agradecer al Señor por el hecho de que la Nueva Jerusalén descienda del cielo, de Dios!

Esta ciudad es totalmente diferente de la ciudad mencionada en el capítulo diecisiete. Aquella ciudad se llama la ciudad grande, y esta ciudad se llama la ciudad santa. La característica de Babilonia es su grandeza, y la característica de la Nueva Jerusalén es su santidad. Entre los cristianos, algunos son fascinados por la grandeza, y otros prestan atención a la santidad. Los que se dejan atraer por la grandeza son regidos por el principio subyacente a Babilonia, mientras que aquellos que prestan atención a la santidad son regidos por el principio de la Nueva Jerusalén.

¿Cuál es el significado de la santidad? Puesto que solamente Dios es santo, todo lo que procede de El también debe ser santo. La expresión "así el que santifica como los que son santificados, de uno son" significa que Cristo es santo porque es de Dios y que nosotros también somos santos porque somos de Dios. Solamente los que son de Dios son santos. Solamente lo que procede de Dios tiene valor; y únicamente aquello que procede de Dios, y nada más, forma parte de la Nueva Jerusalén. Todo cuanto procede del hombre deberá ser desechado. El arrebatamiento se basa en esto. ¿Por qué quedarán afuera algunos? Porque tienen tantas cosas que no son de Cristo, y todo lo que no proviene de Cristo de ninguna manera puede entrar en el cielo. Nada de lo que no sea del cielo podrá volver al cielo. Todo lo que es terrenal debe ser dejado en la tierra, mientras que todo lo que proviene del cielo puede regresar al cielo.

## LA LUZ DE LA CIUDAD SANTA

Apocalipsis 21:11 describe esta ciudad, diciendo que tenía "la gloria de Dios. Y su resplandor era semejante al de una piedra preciosísima, como piedra de jaspe, diáfana como el cristal".

El jaspe se menciona primero en Apocalipsis 4. Juan vio a alguien sentado en el trono cuyo aspecto era semejante a la piedra de jaspe y de cornalina. Aquel que Juan vio sentado en el trono era semejante al jaspe. En otras palabras, el significado del jaspe es Dios visto, Dios hecho visible. Cuando el hombre se presente delante del trono, Dios se le manifestará como jaspe. De esta manera le reconoceremos cuando vayamos allí, pero no podemos hacerlo mientras estamos aquí en la tierra. Lo que entendemos ahora es algo todavía oscuro en muchos aspectos, pero en esa ciudad la gloria de Dios tendrá el resplandor del jaspe. Esto significa que cuando la Nueva Jerusalén descienda a la tierra, podremos ver a Dios mismo. Nunca más entenderemos mal a Dios, ni necesitaremos hacerle preguntas por cosa alguna. La luz de la Nueva Jerusalén es diáfana como cristal, sin ninguna huella de mezcla. En aquel día, todo será transparente y se manifestará claramente a nosotros. En aquel día veremos a Dios, y conoceremos a Dios.

## LOS HABITANTES DE LA CIUDAD SANTA

Los versículos del 12 al 14 dicen: "Tenía un muro grande y alto con doce puertas, y en las puertas, doce ángeles, y nombres inscritos, que son los de las doce tribus de los hijos de Israel; al oriente tres puertas; al norte tres puertas; al sur tres puertas; al occidente tres puertas. Y el muro de la ciudad tenía doce cimientos, y sobre ellos los doce nombres de los doce apóstoles del Cordero". ¿Cuántas personas están incluidas en este hombre corporativo? Se nos dice que los nombres de las doce tribus de Israel están inscritos en las puertas, y los nombres de los doce apóstoles están inscritos en los cimientos. Esto nos muestra que la ciudad incluye a los santos del Antiguo y del Nuevo Testamento.

Los siguientes pasajes de las Escrituras nos lo confirman. Lucas 13:28-29 dice: "Allí será el llanto y el crujir de dientes, cuando veáis a Abraham, a Isaac, a Jacob y a todos los profetas en el reino de Dios, y a vosotros os echen fuera. Vendrán del oriente y del occidente, del norte y del sur, y se reclinarán en la mesa en el reino de Dios". Aquí vemos que el reino de Dios incluye a Abraham, Isaac y Jacob, que representan a los santos del Antiguo Testamento. Los que vienen del este, del oeste, del norte y del sur representan a los santos del Nuevo Testamento. Ambos grupos de personas participan del reino de Dios; por consiguiente, entrarán juntos en la Nueva Jerusalén.

Hebreos 11:8-10 dice: "Por la fe Abraham ... habitó como extranjero en la tierra de la promesa como en tierra ajena, morando en tiendas con Isaac y Jacob, coherederos de la misma promesa; porque esperaba con anhelo la ciudad que tiene fundamentos, cuyo Arquitecto y Constructor es Dios". La ciudad mencionada en este pasaje es la Nueva Jerusalén. Esta ciudad es la única que tiene cimientos, cuyo Arquitecto y Constructor es Dios. El versículo 13 dice: "En la fe murieron todos éstos". "Estos" eran Abel, Enoc, Noé, Abraham, Isaac, Jacob y muchos otros. El versículo 16 continúa: "Pero anhelaban una patria mejor, esto es, celestial; por lo cual Dios no se avergüenza de ellos ni de llamarse Dios de ellos; porque les ha preparado una ciudad". En el versículo 16, "ellos" son "éstos" del versículo 13. Esto nos muestra que los santos del Antiguo Testamento tienen una porción en la Nueva Jerusalén. Desde el principio, para Abel y para todos los santos del Antiguo Testamento, Dios ha designado una ciudad, la Nueva Jerusalén. Todos tienen su parte en ella. Leamos los versículos 39 y 40: "Y todos éstos, aunque alcanzaron buen testimonio mediante la fe, no recibieron la promesa; proveyendo Dios alguna cosa mejor para nosotros, para que no fuesen ellos perfeccionados aparte de nosotros". Dios ha hecho esperar a todos los santos del Antiguo Testamento; todavía no han alcanzado esa ciudad. Les pidió esperar para que ellos y nosotros pudiésemos ir juntos allí. Con eso vemos que tanto los santos del Antiguo Testamento como del Nuevo estarán en la Nueva Jerusalén.

Efesios 2:11-14 dice: "Por tanto, recordad que en otro tiempo vosotros, los gentiles en cuanto a la carne, erais llamados incircuncisión ... que en aquel tiempo estabais separados de Cristo, alejados de la ciudadanía de Israel y ajenos a los pactos de la promesa, sin esperanza y sin Dios en el mundo. Pero ahora en Cristo Jesús, vosotros que en otro tiempo estabais lejos, habéis sido hechos cercanos por la sangre de Cristo. Porque El mismo es nuestra paz, que de ambos pueblos hizo uno y derribó la pared intermedia de separación, la enemistad". Desde el versículo 11 hasta el 13, se usa el pronombre "vosotros", pero en el versículo 14, cambia al adjetivo posesivo "nuestro". Cuando se usa "vosotros", se refiere a los santos en Efeso, pero cuando se usa "nuestro", se refiere a los santos judíos y los santos efesios así como a todos los santos del Antiguo y del Nuevo Testamento. Cristo es nuestra paz y de ambos hizo uno, derribando la pared intermedia de separación. El versículo 15 dice: "Aboliendo en Su carne la ley de los mandamientos expresados en ordenanzas, para crear en Sí mismo de los dos un solo y nuevo hombre, haciendo la paz". En este versículo, "los dos" corresponde a "ambos" del versículo anterior. Esto se refiere también a los santos del Antiguo Testamento así como a los del Nuevo Testamento. No se refiere a la relación entre el hombre y Dios. ¿Pueden Dios y el hombre ser creados juntamente para convertirse en el nuevo hombre? No. Este pasaje se refiere tanto a los santos gentiles como a los santos judíos, a los santos del Antiguo Testamento y también a los del Nuevo Testamento.

El versículo 16 dice: "Y mediante la cruz reconciliar con Dios a ambos en un solo Cuerpo, habiendo dado muerte en ella a la enemistad". Reconciliar con Dios a "ambos en un solo Cuerpo" significa que los santos del Antiguo Testamento así como los del Nuevo son reconciliados con Dios. Leamos los versículos 17-19: "Y vino y anunció la paz como evangelio a vosotros que estabais lejos y también paz a los que estaban cerca; porque por medio de El los unos y los otros tenemos acceso en un mismo Espíritu al Padre. Así que ya no sois extranjeros ni advenedizos, sino conciudadanos de los santos, y miembros de la familia de Dios". Los santos de Efeso ya no eran extranjeros sino conciudadanos de los santos y miembros de la familia de Dios. Los versículos del 20 al 22 dicen: "Edificados sobre el fundamento de los apóstoles y profetas, siendo la piedra del ángulo Cristo Jesús mismo, en quien todo el edificio, bien acoplado, va creciendo para ser un templo santo en el Señor, en quien vosotros también sois juntamente edificados para morada de Dios en el espíritu". Por lo tanto, la morada de Dios incluye a todos los santos del Antiguo y del Nuevo Testamento. Abraham, Isaac y Jacob moran en ella, y nosotros también. En conclusión, cuando lleguen el cielo nuevo y la tierra nueva, todos los que tienen la vida de Dios estarán incluidos en la Nueva Jerusalén.

## LA CIUDAD, LAS PUERTAS Y EL MURO

Continuemos nuestra lectura de Apocalipsis 21. Debemos prestar una atención especial al muro de la ciudad. El versículo 12 dice: "Tenía un muro grande y alto". Leamos el versículo 15: "El que hablaba conmigo tenía una caña de medir, de oro, para medir la ciudad, sus puertas y su muro". El versículo 17 dice: "Y midió su muro, ciento cuarenta y cuatro codos, de medida de hombre, la cual es de ángel".

En el principio, Dios hizo un huerto en Edén, y la serpiente logró entrar en ese huerto con el fin de hablar a Eva. Esto nos muestra que no había ningún muro alrededor del huerto. Originalmente, Dios quería que Adán guardara el huerto. En otras palabras, Dios deseaba que Adán fuese el muro del huerto. No obstante, Adán no lo guardó, y Satanás entró. Pero ¿qué hay de la Nueva Jerusalén? La Nueva Jerusalén tiene un muro. Por una parte, un muro incluye algo y por otra, excluye. Incluye y guarda todo lo que está dentro de la ciudad, y excluye y rechaza todo lo que está fuera de la ciudad. Cuando hay un muro alrededor de una ciudad, sirve para separar lo que está dentro de la ciudad de todo lo que esté afuera; marca la diferencia entre ambos. La Nueva Jerusalén es el nuevo hombre que Dios deseaba obtener. El nuevo hombre está en la presencia de Dios y es separado de todo lo de afuera. La serpiente ya no puede introducirse en ella. Hay un muro, una separación, una distinción. La serpiente ya no puede entrar; se le ha suprimido toda posibilidad de hacerlo.

En la descripción de la Nueva Jerusalén, lo primero que se menciona después de la gloria de Dios es el muro. Por consiguiente, la separación es uno de los principios más importantes del vivir cristiano. Sin separación, el cristiano carece de valor. Debe existir una línea que marque la diferencia entre lo espiritual y lo carnal. La Nueva Jerusalén tiene una separación, un límite, y debemos aprender una lección de ello. Debemos rechazar todo lo que pertenece a Babilonia, y proteger lo que procede de Dios. Levantar el muro de una ciudad no es algo fácil, porque Satanás aborrece el muro más que cualquier otra cosa. Cuando Nehemías volvió a Jerusalén para construir el muro, Sanbalat y Tobías llegaron e hicieron todo lo posible para detener la obra. Nehemías tenía una lanza en una mano y con la otra, él construía el muro. Por lo tanto, debemos pedir a Dios que nos dé la capacidad de llevar armas espirituales para combatir la maldad espiritual en los lugares celestiales y mantener el principio de separación.

La ciudad tiene doce puertas y doce cimientos, y sobre los cimientos están los nombres de los doce apóstoles del Cordero. Esto nos muestra que el contenido entero de la ciudad se basa en el principio del reino de Dios que los apóstoles predicaron. En Efesios 2:20 leemos: "Edificados sobre el fundamento de los apóstoles y profetas". Esto significa que la revelación que recibieron los apóstoles es el fundamento de la Nueva Jerusalén.

El propósito de las puertas es dejar entrar y salir, pero ¿por qué los nombres de las doce tribus de Israel están inscritos sobre ellas? El Señor Jesús dijo que la salvación viene de los judíos (Jn. 4:22). Hemos aprendido de Israel todo lo que se relaciona con Dios. La ley fue dada a Israel, conocemos la redención por medio de Israel y la salvación ha venido de Israel. Por consiguiente, los nombres de las doce tribus están sobre las puertas.

La ciudad tiene tres puertas al oriente, tres puertas al norte, tres puertas al sur y tres puertas al occidente. Hay tres puertas en cada dirección. Habitualmente las puertas están localizadas en un lugar que facilita la salida y la entrada. Por tanto, el hecho de que esta ciudad tenga puertas en los cuatro lados indica que está localizada en una posición central y que ella es el centro de todo. La Nueva Jerusalén es la obra maestra en el centro del corazón de Dios.

Alabado sea Dios. En las puertas están doce ángeles para guardar la entrada (Ap. 21:12). Anteriormente, los querubines guardaban el camino que llevaba al árbol de la vida, pero ahora el árbol de la vida en la ciudad está guardado por los ángeles en las puertas. Los ángeles son espíritus que ministran (He. 1:14), y llegará el día en que los ángeles se sometan a la iglesia.

Apocalipsis 21:15 dice: "El que hablaba conmigo tenía una caña de medir, de oro, para medir la ciudad, sus puertas y su muro". En la Biblia el oro representa todo lo relacionado con Dios. La ciudad medida con oro significa que puede ser medida con la norma de Dios y que corresponde a Su norma. Debemos buscar la gloria de Dios, con la esperanza de satisfacer la norma de Dios cuando seamos medidos en aquel día.

El versículo 16 dice: "La ciudad se halla establecida en cuadro, y su longitud es igual a su anchura; y él midió la ciudad con la caña, doce mil estadios; la longitud, la anchura y la altura de ella son iguales". En la Biblia vemos otro caso en el cual las medidas de longitud, anchura, y altura son iguales; éste es el Lugar Santísimo en el templo. "El lugar santísimo estaba en la parte de adentro, el cual tenía veinte codos de largo, veinte de ancho, y veinte de altura" (1 R. 6:20). La longitud, la anchura y la altura son las mismas. En la Biblia sólo el Lugar Santísimo en el templo y la ciudad de la Nueva Jerusalén tienen la misma longitud, anchura y altura. En otras palabras, en el cielo nuevo y la tierra nueva, la Nueva Jerusalén se convierte en el Lugar Santísimo de Dios. Cuando David le dio a Salomón el modelo para el templo, él dijo: "Todas estas cosas ... me fueron trazadas por la mano de Jehová, que me hizo entender todas las obras del diseño" (1 Cr. 28:19). Todo lo que contiene el templo fue construido conforme a la revelación divina. En el cielo nuevo y la tierra nueva, la Nueva Jerusalén es el templo mismo de Dios. Todo lo que constituye la ciudad está contenido en Dios. No incluye nada que esté fuera de El.

Apocalipsis 21:17 dice: "Y midió su muro, ciento cuarenta y cuatro codos, de medida de hombre, la cual es de ángel". Hoy en día ¿podemos ver que la medida de un hombre es la de un ángel? ¡No, nunca! ¿En qué momento será la medida de un hombre idéntica a la de un ángel? El Señor Jesús dijo que en la resurrección, el hombre será como los ángeles (Lc. 20:36). Los cientos cuarenta y cuatro codos serán revelados cuando la medida del hombre equivalga a la de un ángel. En otras palabras, todo lo que contiene esta ciudad se encuentra en la realidad de la resurrección. Damos gracias a Dios porque esta ciudad no contiene nada que no esté en resurrección. Todo lo muerto y todo lo humano queda fuera de la ciudad, pero dentro de ella todo ha resucitado y todo procede de Dios. La resurrección denota lo que proviene de Dios. Una vez muerto, lo que es humano no puede resucitar jamás, pero todo lo que procede de Dios, aunque pase por la muerte, resucitará. Se llama resurrección todo lo que no puede ser atado o retenido por la muerte. Cuando lo que se origina en nosotros pasa por la cruz, llega a su fin, pero la muerte no puede tocar lo que procede de Dios.

Cuando Juan describió la ciudad, usó únicamente el número *doce* o números múltiplos de doce: doce puertas, doce cimientos, doce apóstoles, doce tribus, etc. El muro de la ciudad mide ciento cuarenta y cuatro codos, un número múltiplo de doce (doce por doce). Doce es el número que se usa en la eternidad. Es el número más precioso de la Biblia. Al principio de Apocalipsis, vemos muchos sietes: siete iglesias, siete sellos, siete trompetas, siete copas, siete ángeles, etc. Pero al final, vemos muchos doces, como los que se mencionan antes. Siete significa perfección, y doce también, pero no son exactamente iguales. Siete se compone de tres más cuatro, mientras que doce se compone de tres multiplicado por cuatro. Puesto que Dios es el Dios Triuno, el número tres representa a Dios, mientras que cuatro es el número que representa a la creación, como por ejemplo los cuatro vientos, las cuatro estaciones y los cuatro seres vivientes. Tres más cuatro, significa Dios más el hombre. ¡Cuán completo y perfecto es tener juntamente al Creador y la criatura! Pero todo lo que se añade también puede ser restado, y por consiguiente, puede perderse nuevamente; por tanto, este completamiento no dura eternamente. Pero en la Nueva Jerusalén, la unión del hombre y de Dios deja de ser siete, pues es doce. Ya no es tres más cuatro, sino tres multiplicado por cuatro. La multiplicación es una unión perfecta, algo inseparable. Cuando el Creador se mezcla con la criatura, esto da doce, y doce es el número de la unión perfecta. En el cielo nuevo y la tierra nueva, Dios y el hombre serán uno, y ya no podrán ser separados.

### ORO, PIEDRAS PRECIOSAS, Y PERLA

¿Con qué materiales está construida esta ciudad? El versículo 18 dice: "El material de su muro era de jaspe". Ya hemos mencionado el jaspe. Hemos visto que el resplandor de la ciudad es como jaspe. Esto significa que cuando contemplamos la gloria de la ciudad vemos la verdadera imagen de Dios. Al conocer la verdadera imagen de Dios, el hombre puede conocer al Dios que está sentado en el trono. Dios no está muy lejos del hombre, y conocerle no resulta imposible.

Como hemos visto, la función del muro de una ciudad consiste en separar lo que está dentro de lo que está fuera. El hecho de que este muro está hecho de jaspe significa que la separación se basa en lo que se ve en la verdadera luz de Dios. Esta es la base de la separación: ver lo que exige Dios, ver lo que busca Dios. Si el hombre no entiende claramente los requisitos de Dios, no tendrá ninguna separación.

Continuemos la lectura del versículo 18: "Pero la ciudad era de oro puro, semejante al vidrio claro". En otras palabras, todo lo que se encuentra en la ciudad es de Dios. El oro representa lo que procede de Dios, lo que está en la nueva creación de Dios. Pedro dijo que somos partícipes de la naturaleza divina. En todo aquel que pertenece a Dios, existe una porción que procede de Dios. Antes de nuestra salvación, nuestro ser provenía totalmente de la carne; era completamente natural, pues no había nada de la naturaleza espiritual. Pero cuando recibimos al Señor, Dios nos impartió Su vida. Este es el oro que El nos ha dado. Dentro de nuestro ser hay una porción de oro; hay algo que proviene verdaderamente de Dios. No obstante, es lamentable que a pesar de tener este oro en nosotros, esté mezclado con muchas otras cosas; se trata de una aleación. Tenemos la naturaleza de Dios, pero al mismo tiempo, dentro de nosotros, también tenemos muchas otras cosas que son completamente ajenas a Dios. Esta es la razón por la cual la mayor porción de la obra de Dios con Sus Hijos consiste en reducirlos y no en añadir algo a ellos.

A menudo los hombres desean conseguir una mayor porción de Dios, estar llenos del Espíritu Santo y conocer más a Cristo. Todo esto es necesario. Realmente necesitamos obtener más de Dios, estar llenos del Espíritu, y conocer más a Cristo. Pero existe otra obra, la que reduce en lugar de incrementar. La obra fundamental de Dios consiste en reducirnos. A partir del día de nuestra salvación, Dios ha estado haciendo esta obra, y el instrumento de esta sustracción es la cruz. La obra de la cruz consiste en anular. No introduce nada en nosotros, sino que quita lo que hay. Dentro de nosotros existe tanto desecho, tantas cosas que no provienen de Dios, que no le glorifican. Dios quiere sacar todas estas cosas por medio de la cruz con el fin de convertirnos en oro puro. Lo que Dios ha depositado en nosotros es oro puro, pero nos hemos convertido en una aleación por la mucha escoria que está en nosotros, es decir, por tantas cosas que no son de Dios. Por consiguiente, Dios tiene que esforzarse mucho para hacernos ver lo que en nosotros es simplemente el yo, lo que no puede glorificarle. Creemos que si Dios nos habla, descubriremos que lo que debe ser quitado supera a lo que debe ser añadido. Los cristianos que son especialmente fuertes en su alma deben recordar que la obra que Dios lleva a cabo en ellos mediante el Espíritu Santo consiste en sacar cosas de ellos y en reducirlos.

La característica sobresaliente de la Nueva Jerusalén es el oro, el oro puro. No contiene nada de mezcla; todo procede exclusivamente de Dios. Dios desea que aprendamos una sola lección hoy: que todo lo que procede de nosotros no es más que escoria. Aparte del oro que tenemos adentro, todo lo que proviene de nosotros es basura. Cuando añadimos nuestra bondad al oro, es escoria; cuando añadimos nuestro celo al oro, también es escoria. Todo lo que proviene de nosotros es escoria. En otras palabras, todo lo que no procede de Dios es escoria. Nadie puede presentarse ante Dios y afirmar que tiene algo que darle. Dios exige oro puro. En la Nueva Jerusalén, todo es oro puro, sin ninguna escoria. Llegará el día en que entendamos que todo lo que no procede de Dios está en la cruz. Todo el contenido de la Nueva Jerusalén procede de Dios. Dios tiene que lograr Su propósito. Cuando Dios afirma que la Nueva Jerusalén será de oro puro, quiere decir que será de oro puro. Nada puede mezclarse con la obra de Dios.

Los versículos 19 y 20 dicen: "Y los cimientos del muro de la ciudad estaban adornados con toda piedra preciosa. El primer cimiento era jaspe; el segundo, zafiro; el tercero, calcedonia; el cuarto, esmeralda; el quinto, sardónice; el sexto, cornalina; el séptimo, crisólito; el octavo, berilo; el noveno, topacio; el décimo, crisoprasa; el undécimo, jacinto; el duodécimo, amatista". ¿Qué implican las piedras preciosas? Existe una diferencia fundamental entre las piedras preciosas y el oro. El oro es un elemento químico, mientras que una piedra preciosa no es un elemento químico, sino un compuesto. El oro es un elemento porque Dios lo ha creado así; fue hecho directamente por Dios. Sin embargo, una piedra preciosa está formada por varias clases de elementos, los cuales se compusieron juntos mediante las combinaciones químicas durante un proceso de muchísimos años de calor y de presión en la tierra. En otras palabras, las piedras preciosas no representan algo que Dios ha dado directamente, sino algo que el Espíritu Santo ha producido en el hombre con muchos esfuerzos y muchos años de fuego. La obra del Espíritu Santo en la tierra consiste en hacernos pasar continuamente por pruebas a fin de que tengamos toda clase de experiencias y que lleguemos a ser piedras preciosas delante de El. Por consiguiente, las piedras preciosas son el resultado de la disciplina que recibimos de El.

Vamos a dar un ejemplo. El nacimiento de Isaac representa el oro, pero la experiencia de Jacob representa las piedras preciosas. Isaac nació como hijo por medio de la promesa de Dios. Nunca sufrió, ni tampoco cometió ningún pecado grave. No obstante, el caso de Jacob fue bastante distinto. El sufrió mucho y pasó por numerosas pruebas. La mano de Dios estaba sobre El constantemente. Día tras día y año tras año, Dios forjó algo dentro de Jacob, y eso lo transformó en piedra preciosa.

La vida que Dios nos ha impartido es el oro, mientras que la vida que Dios está constituyendo dentro de nosotros es la piedra preciosa. Día tras día, y en toda clase de circunstancias, El nos conforma a la imagen de Cristo. Esto es la piedra preciosa. Dios no se conforma con darnos una porción de la vida de Cristo; El quiere que la vida de Cristo sea forjada en nosotros. Por una parte, debemos darnos cuenta de que no somos diferentes de lo que éramos antes de ser salvos, excepto por la vida del Señor en nosotros. Por otra parte, después de seguir al Señor por cinco o diez años y de estar bajo la mano de Dios y bajo Su disciplina, una porción de la vida de Cristo ha sido constituida en nosotros por el Espíritu Santo. Dentro de nosotros, algo ha sido formado por el Señor, el cual es la piedra preciosa.

El hecho de que Dios continuamente le ponga a usted en el fuego no debe sorprenderle. Al parecer, lo que experimentan los demás es bueno, pero lo que usted debe enfrentar no parece fácil, ni de provecho. Los demás no le entienden a usted e incluso lo atacan; usted ha pasado por más cosas que los demás. Pero debe entender que esto tiene una razón. Dios le está consumiendo con fuego continuo; el Espíritu Santo está obrando para constituir más de la vida de Cristo en usted para que sea transformado a Su imagen.

En Apocalipsis no encontramos una sola clase de piedra preciosa, sino muchas. Algunas son de jaspe, otras de zafiro, de calcedonia, de esmeralda, de sardónice, de cornalina, y de otras clases. Todas estas piedras preciosas son el resultado del fuego. Dios no las formó en un momento; fueron obtenidas después de que Dios obró muchos años en ellas. Las piedras preciosas no nos fueron dadas en la creación; tampoco las conseguimos cuando fuimos hechos nueva creación. La piedra preciosa es formada en nosotros al quemarnos Dios día tras día. Esta sustancia es echada continuamente al fuego. Cuando el fuego arde de cierta manera, un mineral se disuelve en esa sustancia, y se convierte en una clase de piedras preciosas. Cuando el fuego arde de otra manera, se disuelve otro mineral en esa sustancia, y se convierte en otra clase de piedra preciosa. Las distintas disoluciones de ciertos minerales forman las varias clases de piedras preciosas.

Las piedras preciosas representan la obra del Espíritu Santo. Cuando fuimos salvos, conseguimos la naturaleza de Dios, pero desde ese momento, día tras día el Espíritu Santo ha estado forjando la naturaleza de Dios en nosotros para que llevemos el fruto del Espíritu. No existe sólo una clase de fruto del Espíritu. Existen el amor, el gozo, la paz, la longanimidad, la amabilidad, la bondad, la fidelidad, la mansedumbre y muchos más. El Espíritu Santo debe obrar continuamente en nosotros para que llevemos estas diferentes clases de frutos. Cuando fuimos salvos, Dios impartió Su vida en nosotros. Pero el fruto del Espíritu no es algo que Dios nos imparta. Llevamos estos frutos cuando el Espíritu Santo obra dentro de nosotros hasta cierto punto. Aún así, la piedra preciosa es algo que se forma en nosotros mediante el Espíritu Santo y por medio de muchas circunstancias distintas.

Dios ha compartido Su naturaleza con nosotros, y además, día tras día, El está haciendo de nosotros personas que puedan glorificar Su nombre. Cuando usted fue salvo, recibió la naturaleza de Dios, y cuando yo fui salvo, también recibí Su naturaleza. En este aspecto, todos los cristianos son idénticos; todos han recibido la naturaleza de Dios. Pero días después de ser salvos, quizás Dios le haya puesto a usted en ciertas circunstancias para darle cierta clase de experiencias. Quizás El dejó que usted pasara por ciertas pruebas, ciertas dificultades y ciertos sufrimientos para que usted sea un cristiano como crisólito, calcedonia, cornalina o cualquier otra piedra preciosa. Dios está obrando en los cristianos para hacer de cada uno de ellos una clase particular de piedra preciosa. Todos tenemos en común el oro delante de Dios, pero después de convertirnos en piedras preciosas delante de El, cada uno de nosotros tendremos cierta forma.

Lo que el Espíritu Santo forma en nosotros por medio del entorno permanecerá para siempre. Cuando un cristiano experimente más dificultades en cierto aspecto, aprenderá más lecciones de esa manera. Esto producirá un carácter sobresaliente, un carácter que no cambiará después de varios años, sino que permanecerá por la eternidad. Lo que haya obtenido quedará para siempre en el estado de piedra preciosa en la Nueva Jerusalén.

Hay algo que Dios ha forjado por medio del Espíritu Santo en muchos de Sus hijos que han andado con El durante diez o veinte años. Dios ha impartido algo en ellos, pero eso no lo es todo: ellos mismos se han convertido en ese algo; es el constituyente mismo de ellos. El Espíritu Santo les ha disciplinado durante muchos años. Al haber pasado ellos por muchas pruebas y experiencias cierta clase de vida fue formada en ellos por el Espíritu Santo. Los que les conocen se dan cuenta de que se ha cumplido algo en ellos. No poseen solamente la vida que Dios les ha dado, sino que tienen también una vida transformada que el Espíritu Santo ha forjado dentro de ellos. No sólo llevan una vida que ha sido cambiada, sino una vida que ha sido transformada. Esto es la piedra preciosa. La piedra preciosa es la que es formada en nosotros por la obra quemadora del Espíritu Santo. La Nueva Jerusalén estará llena de estas piedras preciosas.

En este punto debemos entender claramente que resulta inútil poner énfasis en la doctrina. No debemos imaginarnos que un poco más de teología o de enseñanza bíblica nos será de algún provecho. No son de mucha utilidad. Lo único que tiene valor es lo que el Espíritu Santo quema en nosotros. Si algo no se graba con fuego, se puede quitar fácilmente. ¿Qué valor espiritual tendrá algo que nos puede ser quitado con el menor roce? Esto no quiere decir que no debemos leer nuestra Biblia, pero sí significa que lo que leemos es valioso sólo cuando el Espíritu Santo lo graba en nosotros con fuego. Todas las piedras preciosas vienen del fuego. Si queremos tener piedras preciosas, necesitamos el fuego. Sin fuego, nunca habrá piedras preciosas.

Esta es la razón por la cual no debemos rechazar las pruebas que nos sobrevienen mediante el entorno que nos rodea. Nunca deberíamos rechazar la disciplina del Espíritu Santo, ni quejarnos cuando la mano de Dios nos envuelve y nos encierra en todos los aspectos. ¡Cuán atados y presionados nos sentimos a menudo! Cómo nos gustaría acabar con toda esclavitud y limitaciones y ser liberados por un buen rato. Pero debemos recordar que nos encontramos en la mano transformadora de Dios. El nos está formando a fin de que un día salgamos como piedras preciosas. No sólo Dios nos ha dado Su vida, sino que también El está obrando en nosotros de tal manera que poseamos una calidad especial. Esto es lo que el Espíritu Santo está formando en nosotros por medio de todas las circunstancias que Dios permite, y esto se llama piedra preciosa. Entonces ¿para qué sirve el mero conocimiento o la doctrina? Lo único valioso es lo que el Espíritu graba en nosotros con fuego. Sólo cuando el cristiano haya recibido algo por medio del fuego, podrá predicar mensajes de lo que él sabe realmente y no de lo que saca de los libros. La piedra preciosa es lo que el Espíritu Santo ha grabado en nosotros con fuego. De lo contrario, es madera, heno y hojarasca.

A veces cuando nos sentamos en la presencia de uno de edad avanzada, sentimos que él anda verdaderamente con el

Señor. En él está una vida que lo caracteriza mucho; se ha convertido en su naturaleza especial. Esto nos llena de respeto por esta persona. Puede ser que otros tengan un ministerio más elevado que él o que hayan emprendido obras mayores, pero él tiene una vida abundante; el Espíritu Santo ha formado algo dentro de esa persona. Tiene una calidad especial, algo que ha salido del fuego; él es una piedra preciosa. En la presencia de esta persona, lo único que podemos hacer es inclinarnos y decir: "Cuánto deseamos tener algo que inspire tanto, que sea tan impresionante". Lo que inspira y toca a la gente no son las palabras, sino algo que ha pasado por el fuego.

En la Nueva Jerusalén, hay piedras preciosas. Sin piedras preciosas, la Nueva Jerusalén nunca podrá llegar a existir. Dios necesita piedras preciosas. El necesita un grupo de personas que manifiesten la calidad de las piedras preciosas. ¡Oh, que Dios nos libre de lo superficial! Lo que el Espíritu Santo ha forjado dentro de nuestra vida es lo único valioso y útil.

El versículo 21 dice: "Las doce puertas eran doce perlas; cada una de las puertas era una perla". La Nueva Jerusalén no consiste solamente de oro puro y de piedras preciosas, sino también de perlas. Las perlas no se forman al pasar por el fuego, sino que son el resultado de un proceso gradual que se da dentro de una criatura del mar después de que se hiere. Por consiguiente, el significado de la perla es la vida que proviene de la muerte. La perla representa la vida liberada por el Señor Jesús en el aspecto no redentor de Su muerte.

También Mateo 13 habla de una perla. ¿A quién se refiere esta perla? Se refiere a la iglesia, la cual el Señor ha formado con Su muerte. El estaba dispuesto a vender todo lo que tenía para comprar esta perla. La perla representa algo positivo; no es pasivo ni negativo. Es la iglesia, el nuevo hombre, que Dios desea crear. En El no hay ningún problema de pecado, ni de redención. El estaba dispuesto a vender todo para conseguir esta perla. Esto nos muestra cuán preciosa es la vida que procede completamente de Cristo. ¡Cuán preciosa es a los ojos de Dios y cuán preciosa es ante Cristo!

En la Nueva Jerusalén, las perlas sirven como las puertas de la ciudad. Esto significa que todo lo que procede de Dios empieza aquí. En otras palabras, si el hombre quiere conseguir vida ante Dios, la vida no debe ser algo que provenga del hombre, sino de la muerte de Cristo, del aspecto no redentor de la muerte de Cristo.

En 1 Corintios 3:12 se dice que el edificio espiritual debe tener materiales de oro, plata y piedras preciosas, y no de madera, heno u hojarasca. En 1 Corintios 3 vemos el oro, la plata y las piedras preciosas; pero en Génesis 2, en el huerto del Edén, había oro, piedras preciosas y perla; no había plata. En Apocalipsis 21, en la Nueva Jerusalén, vemos nuevamente el oro, las piedras preciosas, y la perla; no hay plata. ¿Qué significa esto? El oro, las piedras preciosas y la perla —estas tres cosas— se encuentran en el huerto de Edén y también en la Nueva Jerusalén. Esto significa que el oro, las piedras preciosas, y la perla provienen de la eternidad y permanecerán para siempre.

En la eternidad Dios no planeaba tener plata, porque la plata representa la redención. Dios sabía que los hombres pecarían y necesitarían redención, pero eso no estaba incluido en Su plan eterno. En la obra de Dios existe la redención, pero en Su propósito eterno no existe. Por consiguiente, en este aspecto la Nueva Jerusalén es idéntica al huerto del Edén; no tiene plata. Esto significa que en la eternidad futura, seremos llevados al lugar donde no haya ninguna traza de pecado. No obstante, hoy en día, no podemos desechar la plata o tomarla a la ligera. Si alguien piensa que no necesita la plata hoy en día, él debe pedir a Dios que le conceda misericordia. No podemos seguir adelante sin plata. Si no tenemos plata, no tenemos ninguna redención, y no podemos hacer nada. Sin embargo, la redención no tiene ninguna parte en el propósito de Dios. En la Nueva Jerusalén, no podremos encontrar nada de plata. Esto nos muestra que Dios borrará toda la historia del pecado, pues la redención no está incluida en esta ciudad. En la Nueva Jerusalén, el hombre dejará de necesitar la redención, porque no pecará más. Dios nos llevará a un terreno tan firme que ya no nos quedará ninguna posibilidad de pecar. Dentro de nosotros hay una vida que no tiene nada que ver con el pecado y que no necesita ninguna redención. Esa vida en nosotros procede de Cristo y es Cristo mismo. Así como Cristo mismo no necesita ninguna redención, nosotros los que tenemos parte en Su vida dejaremos de necesitar la redención. Por consiguiente, en la eternidad no se necesitará la plata.

Damos gracias a Dios porque tenemos Su redención hoy en día. Damos gracias a Dios porque, a pesar de que hemos pecado, la sangre de Su Hijo Jesucristo nos limpia de todo pecado. No obstante, Dios ha compartido la vida de Su Hijo con nosotros, una vida que no necesita ninguna redención. Un día viviremos completamente por esta vida y la historia del pecado desaparecerá. La plata redentora ya no será de ninguna utilidad.

Debemos ver que la caída no forma parte del propósito de Dios, la redención no está en el propósito de Dios, ni tampoco el reino. La caída no está incluida en el propósito de Dios; es algo que ocurrió en el proceso. La redención no forma parte del propósito de Dios; soluciona el problema de la caída. El reino tampoco está en el propósito de Dios; también resuelve el problema de la caída. La redención y el reino existen por causa de la caída. Todas estas cosas no son más que remedios; no están incluidas en el propósito de Dios. Aún así, jamás menospreciaríamos la redención ni el reino. Sin la redención, no se podría solucionar el problema de la caída. Sin el reino, ¿podría solucionarse el asunto de la caída? No obstante, debemos tener presente que Dios no creó al hombre para que pecara. Dios creó al hombre para Su propia gloria. Esta línea es recta; esta línea celestial es recta.

Apocalipsis 21:21 dice también: "Y la calle de la ciudad era de oro puro, transparente como vidrio". Una calle es un lugar de comunicación, y puesto que la calle de esta ciudad es de oro puro, las personas que caminen en ella nunca estarán sucias. Hoy en día, los que se han bañado todavía necesitan que sus pies sean lavados (Jn. 13:10) para mantener la comunión con Dios. Cuando caminamos en la calle de este mundo, no podemos evitar el polvo y, por tanto, nuestra comunión con Dios se estorba. Pero en aquel día nada nos podrá ensuciar; nada podrá frustrar nuestra comunión con Dios. En la eternidad nada nos podrá contaminar; toda nuestra vida y todo nuestro vivir serán santos.

El final del versículo 21 nos dice que la ciudad "es transparente como vidrio". ¡Hoy en día gran parte de nuestra situación no es transparente! Pero en el futuro, en la presencia de Dios, todos seremos transparentes. Aún así, hoy en día no deberíamos tener muchos escondites ni muchos velos. No debemos simular ser santos delante de los hombres para conseguir sus alabanzas. La hipocresía, la pretensión, los velos, nada de esto es transparente. Cuando nuestra verdadera condición no es muy buena pero fingimos ser buenos, no somos transparentes. A menudo nuestras palabras y nuestras acciones no son naturales. Imitamos a los demás en nuestro hablar, en nuestra conducta, y en la manera de hacer las cosas. En tantos aspectos imitamos a otros en lugar de ser nosotros mismos. Esto no es ser transparentes. Lo artificial y las imitaciones no son transparentes. Indudablemente, no debemos vivir delante de Dios por una santidad conseguida por nuestra propia cuenta. Debemos recordar que la verdadera espiritualidad consiste en llevar la cruz. La santidad llena de cautividad no es la santidad del Espíritu Santo. Debemos abandonar todo simulacro y pretensión.

Por lo tanto, debemos confesar muchas cosas. Entre los hermanos y las hermanas debemos aprender a confesar unos a otros y a no cubrir nuestros pecados. Cada vez que pequemos contra otros, no debemos intentar racionalizarlo, sino confesarlo. Todo cristiano debe ser transparente hoy en día, porque en aquel día, en la presencia de Dios, todos seremos transparentes. En la Nueva Jerusalén la calle es transparente como vidrio. Allí todo es visible. Por esta razón, ahora debemos aprender a ser personas genuinas, transparentes y que no simulan lo que no son.

## EL TEMPLO Y LA LUZ DE LA CIUDAD

El versículo 22 dice: "Y no vi en ella templo; porque el Señor Dios Todopoderoso, y el Cordero, es el templo de ella". Estas palabras son particularmente preciosas. Sabemos que la Jerusalén del Antiguo Testamento tenía un templo. Cada vez que el hombre quería tener comunión con Dios en aquel tiempo, debía ir al templo. El templo era el lugar apartado para Dios, y el hombre debía ir a este lugar para tener comunión con Dios. No obstante, en la Nueva Jerusalén, no habrá templo porque Dios y el Cordero serán el templo de la ciudad. Esto significa que en aquel día la comunión entre Dios y el hombre será íntima y directa, cara a cara. El hombre ya no necesitará ir a un sitio particular para tener comunión con Dios.

En el Antiguo Testamento existía un velo en el templo. Nadie podía pasar el velo y entrar en la presencia de Dios excepto el Sumo Sacerdote, y solamente una vez al año. Hoy en día en la iglesia, el velo ha sido rasgado en dos. Ahora todos podemos entrar en la presencia de Dios para adorarle en espíritu y con veracidad. Pero en aquel día, Dios y el Cordero serán el templo de la ciudad. No necesitaremos ir a Dios; El estará donde estemos. Hoy en día vamos a Dios, pero en aquel día viviremos en Su presencia. Dios y el Cordero son el templo de la ciudad. Por lo tanto, si no aprendemos a vivir en el Lugar Santísimo hoy en día, somos las personas más insensatas. Hoy en día, el velo ha sido rasgado en dos, y podemos entrar en el Lugar Santísimo con denuedo. No debemos quedarnos afuera.

El versículo 23 dice: "La ciudad no tiene necesidad de sol ni de luna que brillen en ella; porque la gloria de Dios la ilumina, y el Cordero es su lámpara". Este pasaje está conectado con el versículo anterior, que se refiere al templo. Dios y el Cordero son el templo de la ciudad, y la gloria de Dios ilumina la ciudad. Por consiguiente, el sol y la luna no necesitan brillar. Sabemos que en el templo del Antiguo Testamento el atrio exterior estaba iluminado por el sol y la luna, y el Lugar Santo por la luz de la lámpara. Pero el Lugar Santísimo no tenía ninguna ventana; la luz del sol y de la luna no podían brillar en él. Tampoco tenía una lámpara como tenía el Lugar Santo. La gloria de Dios proveía la luz. Aún así, la Nueva Jerusalén no está iluminada por el sol ni por la luna, sino por la gloria de Dios. Esto revela que toda la ciudad será el Lugar Santísimo. En el futuro, la iglesia se convertirá en el Lugar Santísimo.

"El Cordero es su lámpara". La gloria de Dios es la luz y el Cordero es la lámpara. Esto nos muestra que en la Nueva Jerusalén habrá todavía algo indirecto. Dios como luz brillará por medio del Cordero como lámpara. Esto no se refiere a la redención; mas bien nos indica que nadie puede conocer a Dios directamente. Si alguien quiere conocer a Dios, debe conocerlo por medio del Cordero; esta verdad se practicará aun en la eternidad. El hombre puede conocer a Dios solamente por medio de Cristo. Sin la lámpara no podemos ver la luz. Del mismo modo, sin Cristo no podemos ver a Dios. Cualquiera que sea nuestro entorno, Dios seguirá morando en una luz inaccesible. Podemos verle sólo cuando estamos en Cristo.

El versículo 24 dice: "Y las naciones andarán a la luz de ella; y los reyes de la tierra traerán su gloria a ella". Aquí debemos observar algo. Todos los que Dios ha conseguido de la dispensación de los patriarcas, la de la ley y la de la gracia serán la novia presentada a Cristo en aquel día. Todas las personas que vivan al final de la era del reino y que no hayan sido engañadas por Satanás serán trasladadas para ser el pueblo de la tierra nueva. Estas personas son las naciones mencionadas en el versículo 24. Todos los que vivan en la ciudad tendrán cuerpos resucitados; son los hijos y los reyes. No obstante, los que estén en la tierra nueva todavía tendrán un cuerpo de carne y sangre; son el pueblo y las naciones de la tierra. Los reyes de la tierra son los que gobiernan las naciones.

En el Antiguo Testamento el tabernáculo fue acomodado de tal manera que quedara en el centro del campamento de los israelitas. Tres tribus moraban al oriente, tres al occidente, tres al sur, y tres al norte. Podemos leer este relato en el libro de Números. La posición de la Nueva Jerusalén es semejante a la del tabernáculo de Dios. El muro de esa ciudad tiene tres puertas en cada dirección: al oriente, al occidente, al sur y al norte, doce puertas en total. Así como las doce tribus moraban alrededor del tabernáculo, las naciones morarán alrededor de la Nueva Jerusalén. El hecho de que las naciones "andarán" a la luz de la ciudad significa que las naciones de la tierra vendrán a la Nueva Jerusalén, y su andar hacia la Nueva Jerusalén será guiado por la luz de la ciudad.

La "gloria" que los reyes traerán se refiere a la gloria que pertenece a los reyes de la tierra. Darán a la ciudad la gloria de sus territorios. Esta "gloria" tiene el mismo significado que "gloria" en Génesis 31:1. Significa el mejor producto de la tierra. En otras palabras, en la tierra nueva los reyes de la tierra traerán el mejor producto de sus localidades y lo presentarán como dádiva a la ciudad santa.

Apocalipsis 21:25 dice: "Sus puertas nunca serán cerradas de día, pues allí no habrá noche". El hecho de que las puertas no serán cerradas de día revela que en el cielo nuevo y la tierra nueva todavía habrá una diferencia entre el día y la noche. Las naciones podrán ir a la ciudad de día. Pero "allí no habrá noche"; en la ciudad no habrá noche. Por tener cuerpos resucitados, todos los habitantes de la ciudad nunca se sentirán cansados; pueden servir a Dios continuamente de día y de noche.

El versículo 26 dice: "Y llevarán la gloria y la honra de las naciones a ella". Esto se refiere a los reyes del versículo 24. Los reyes de la tierra no traerán solamente su gloria a la ciudad, sino también la gloria y la honra de las naciones.

El versículo 27 dice: "No entrará en ella ninguna cosa común, ni quien haga abominación y mentira, sino solamente los que están inscritos en el libro de la vida del Cordero" (gr.). Todo lo que proviene del hombre y lo que pertenece a la carne es común. Por consiguiente, todo lo que pertenece al hombre y a la carne no podrá entrar en la ciudad. Sólo lo que es del Espíritu Santo y de Cristo podrá entrar; todo lo demás no podrá entrar en la ciudad. En las Escrituras, "quien haga abominaciones" se refiere particularmente a la idolatría, y quien diga "mentira" se refiere a una relación con Satanás, porque la mentira viene de Satanás. Los que están relacionados con los ídolos o con el pecado no podrán entrar en la ciudad. Los únicos que podrán entrar son los que tienen sus nombres inscritos en el libro de la vida del Cordero.

En el cielo nuevo y la tierra nueva, habrá solamente dos clases de habitantes. Primero, los que han sido salvos por la sangre: ellos morarán en la ciudad y tendrán sus nombres inscritos en el libro de la vida. Luego, los que serán trasladados desde el milenio: seguirán viviendo y serán los habitantes de la tierra nueva. Sus nombres también están inscritos en el libro de la vida, pero no vivirán en la ciudad. Sólo podrán entrar y salir de la ciudad.

## EL RIO DE AGUA DE VIDA Y EL ARBOL DE LA VIDA

Todavía nos queda por descubrir lo que Dios nos mostrará al final. Los versículos 22:1-2 dicen: "Y me mostró un río de agua de vida, resplandeciente como cristal, que salía del trono de Dios y del Cordero, en medio de la calle. Y a uno y otro lado del río, estaba el árbol de la vida, que produce doce frutos, dando cada mes su fruto; y las hojas del árbol son para la sanidad de las naciones". Esto nos recuerda el versículo 2:7, que dice: "Al que venza, le daré a comer del árbol de la vida, el cual está en el Paraíso de Dios". El árbol de la vida está plantado en el Paraíso de Dios. Puesto que el árbol de la vida está en la ciudad, esto nos muestra que la Nueva Jerusalén es el Paraíso de Dios.

Recordamos el libro de Génesis, donde leímos que Dios creó al hombre como tipo de Cristo y la mujer como tipo de la iglesia, que El deseaba conseguir en Génesis 2. Luego Dios puso al marido y a la mujer, en el huerto del Edén. Por tanto, tenemos el hombre, la mujer, y el huerto. Luego en Génesis 3 la serpiente entró y ellos cayeron; como resultado, Dios los sacó del huerto. En Apocalipsis 21, ¿a quién vemos en la Nueva Jerusalén? Vemos al Cordero, Aquel que era tipificado por Adán en Génesis 2; todo Su ser es para Dios. Vemos también a la esposa del Cordero, la cual era tipificada por Eva en Génesis 2; todo su ser es para Cristo. La Nueva Jerusalén es la esposa del Cordero y también es el Paraíso de Dios. En Génesis 2 había tres entidades: Adán, Eva, y el huerto. Pero en Apocalipsis 21 y 22 hay solamente dos: el Cordero y la ciudad. La ciudad es la novia y también el Paraíso; la mujer y el Paraíso han llegado a ser uno. La mujer en Génesis pudo ser expulsada, pero la mujer al final de Apocalipsis ya no puede ser expulsada.

Tal vez algunas personas se preocupen y pregunten: "¿Qué pasará en la eternidad? ¿Qué sucederá si el diablo vuelve, qué haremos entonces?" Podemos contestar que eso no puede suceder de nuevo, porque en la eternidad Dios mismo morará en la ciudad santa. ¡Alabado sea Dios! El hizo un huerto en Génesis, un huerto que no tenía muro ni fue bien guardado. Por consiguiente, la serpiente y el pecado entraron.

Pero finalmente, Dios conseguirá una ciudad para salvaguardar Su plan. Es imposible que esa ciudad esté involucrada en una caída. La mujer y el Paraíso están tan unidos que nada los podrá separar de nuevo. Por consiguiente, esta mujer de ninguna manera podrá ser expulsada.

El versículo 22:1 habla de un río de agua de vida en medio de la calle de la ciudad. En Génesis descubrimos cuatro ríos, entre los cuales dos siempre han oprimido a los hijos de Dios. Babilonia fue construida sobre el río Pisón, y Nínive sobre el río Hidekel. Los hijos de Dios siempre fueron perseguidos por estos dos ríos. Pero en la Nueva Jerusalén hay un solo río: el río de agua de vida. Este río da vida y gozo al hombre. Salmos 46:4 dice: "Del río sus corrientes alegran la ciudad de Dios, el lugar santo de los tabernáculos del Altísimo" (heb.). Este río alegra particularmente a Dios. El agua de este río sale "del trono de Dios y del Cordero". El trono está en singular porque Dios y el Cordero están sentados en el mismo trono. Esto significa que el reino de Cristo es el reino de Dios.

El versículo 2 dice: "Y a uno y otro lado del río, estaba el árbol de la vida, que produce doce frutos, dando cada mes su fruto". Se usa nuevamente el número doce. ¿Cuál es el significado del árbol que lleva doce clases de frutos y que produce cada mes su fruto? Es una manera de decir que todos quedarán satisfechos, y que esta satisfacción durará por la eternidad. Hay vida cada mes. En la eternidad seguiremos conociendo a Cristo y recibiendo la vida del Señor sin ninguna interrupción; no habrá ni un solo mes sin fruto. Esto significa que no habrá regresión. Hoy en día vemos algo muy triste: lo que las Escrituras revelan como la valuación del hombre. A los hombres de veinte años de edad hasta los sesenta años, se les atribuía cierto valor, pero los que tenían más de sesenta años de edad no tenían el mismo valor (Lv. 27:3, 7). Esto sería volver hacia atrás, pero en la eternidad no iremos hacia atrás. Habrá una nueva vida y un nuevo fruto cada mes.

Aún así, antes de que exista la Nueva Jerusalén, debemos buscar una nueva experiencia de vida cada mes. La experiencia que tuvimos hace veinte años ya no es fresca, ni puede ser de ninguna ayuda para nosotros hoy en día. La experiencia que tuvimos hace cinco años tampoco puede ser fresca ni de ningún provecho para nosotros ahora. No podemos vivir por el fruto del árbol de la vida de hace meses atrás. Cada mes debemos comer un fruto fresco. Ante Dios debemos recibir la vida continuamente; debemos recibir a Cristo. No sólo necesitamos comer un fruto cada mes, sino también un fruto diferente cada mes. No podemos estar satisfechos ante Dios al tener solamente una pequeña porción una parte específica. Debemos aprender a conocer al Señor en muchos aspectos; debemos llevar toda clase de frutos.

El versículo 2 continúa: "Y las hojas del árbol son para la sanidad de las naciones". El fruto representa la vida; las hojas, que visten el árbol, representan nuestro comportamiento exterior. El Señor Jesús maldijo a la higuera porque sólo tenía hojas, y no frutos. Sólo tenía la apariencia exterior sin la vida interior. En el cielo nuevo y la tierra nueva, la gente de las naciones no tendrá ningún pecado, no morirán, ni tendrán dolores, ni maldición, ni demonios. Este grupo de gente, las naciones, seguirá viviendo en la tierra con la ciudad santa en su medio. El hecho de ser sanado por las hojas del Señor Jesús significa que las acciones del Señor Jesús serán su ejemplo. Nosotros obtendremos los frutos del árbol de la vida, y ellos conseguirán las hojas. Al imitar el comportamiento del Señor Jesús, podrán vivir y tener el bienestar; y de esta manera, las naciones morarán juntas en paz y bendición.

En estos versículos, la calle, el río de agua de vida, y el árbol de la vida están ligados. En la Nueva Jerusalén, dondequiera que usted encuentre la calle, encontrará el río de agua de vida, y dondequiera que usted encuentre el río de agua de vida, encontrará el árbol de la vida. En otras palabras, dondequiera que haya actividad, estarán el río de vida y el árbol de la vida. Esto significa que mientras aprendemos a seguir al Señor, nuestra conducta debería incluir el río de agua de vida y el árbol de la vida. Entonces todo estará bien. La calle es un lugar donde la gente se mueve. Para movernos, todas nuestras actividades deben basarse en el árbol de la vida, y no en el árbol del conocimiento del bien y del mal. Cuando la vida dentro de nosotros genere actividad, dará por resultado que el río de agua de vida corra en el Espíritu. La corriente de vida es nuestra calle, nuestra manera. Si la vida del Señor Jesús no se mueve en nosotros, simplemente no podemos caminar. Sin la vida del Señor y sin la corriente del río del agua de vida en el Espíritu, no podemos movernos. Si conforme a nuestra propia sabiduría, juzgamos lo correcto o incorrecto de una manera de actuar, estaremos plantando el árbol del conocimiento del bien y del mal, y no el árbol de la vida. Pero si actuamos conforme al mover de la vida dentro de nosotros, el agua de vida rebosará y alcanzará a los demás. Todas estas cosas están relacionadas entre sí. Toda la obra de Dios se basa en el árbol de la vida y da por resultado el río de agua de vida.

## PARA SIEMPRE JAMAS

El versículo 3 afirma: "Y no habrá más maldición". Damos gracias a Dios porque Génesis 3 desaparecerá por completo y no habrá más maldición. Podemos resumir lo que aparece en Génesis 3 en una sola palabra: *maldición*. Incluso la muerte es una clase de maldición. No obstante, en el cielo nuevo y la tierra nueva, no habrá más maldición, ni muerte. Desaparecerá toda la historia del pecado; el hombre glorificará a Dios.

El versículo 3 continúa: "Y el trono de Dios y del Cordero estará en ella". Esta situación difiere de Génesis 3, donde Dios caminaba en el huerto en la frescura del día. Aquí Dios está reinando; Su propio trono está allí. Ahora el huerto se ha convertido en la ciudad, donde Dios está entronizado. "Y Sus esclavos le servirán". ¿Qué harán los esclavos de Dios en la eternidad? Le servirán. No debemos imaginarnos que en la eternidad no tendremos nada que hacer. ¡No! Para siempre seremos Sus esclavos, los que le serviremos.

El versículo 4 dice: "Y verán Su rostro, y Su nombre estará en sus frentes". Toda la obra que hacemos por el Señor debe ser dirigida por la comunión. El verdadero servicio para el Señor se hace en la comunión. Servir no lo es todo; debemos servir en la comunión. Le servirán, y verán Su rostro. Oh, ¿cuántas veces hemos visto a Dios después de haber hecho Su obra? Insisto en que podemos llevar a cabo la obra de Dios únicamente después de verle a El. No debemos trabajar y luego lamentar; eso no es la comunión. Que el Señor nos libre de todo servicio fuera de la comunión, y que nos salve de realizar una obra sin poder tener comunión después de cumplirla.

Nunca deberíamos sentirnos orgullosos, satisfechos de nosotros mismos, o autónomos después de la obra. Que el Señor nos salve y nos libre de toda clase de servicio que no provenga de la comunión y que no se haga en la comunión, y que Dios nos permita permanecer en la comunión aún después de terminar la obra. Los siervos de Dios no tendrán solamente comunión con El, sino que "Su nombre estará en sus frentes". Este es el testimonio de ellos; esto es lo que verán los que los contemplarán. Todos sabrán que estas personas son el pueblo de Dios.

El versículo 5 afirma: "No habrá más noche; y no tienen necesidad de luz de lámpara, ni de luz del sol, porque el Señor Dios los iluminará". En esta ciudad no habrá más noche. La lámpara es la luz hecha por el hombre, y el sol es la luz natural. Todo lo que hace el hombre y todos los medios naturales dejarán de tener uso porque todo será visible. Quizás estemos confundidos ahora y no veamos claramente. Aún después de cumplir algún servicio, puede ser que no sepamos dónde estamos, pero en aquel día no pasará lo mismo.

La última cláusula del versículo 5 es la más importante: "Y reinarán por los siglos de los siglos". Este era el propósito de Dios en la creación. En Génesis Dios se propuso que el hombre tuviera dominio, y ahora ha conseguido esa meta; efectivamente el hombre está gobernando. Esto no es algo que sucederá en el milenio. Este pasaje de las Escrituras, Apocalipsis 21 y 22, no describe lo que pasará en el milenio, sino lo que ocurrirá en la eternidad. Reinarán hasta la eternidad y por la eternidad. Se cumple así la meta original de Dios.

Dios quería que el hombre tuviera dominio sobre la tierra y destruyera a Satanás. Ahora vemos que el hombre tiene dominio y que Satanás es echado al lago de fuego. El propósito que tenía Dios al crear al hombre se ha cumplido. Por una parte, Dios quería que el hombre fuese como El, y por otra, la obra que Dios le asignó al hombre consiste en que tenga dominio. Ahora hemos visto una novia —de oro, gloriosa y hermosa— con toda clase de tesoros dentro de ella. No le falta nada y es sin mancha, arrugas, ni cosa semejante. Además, es santa y sin tacha. Está verdaderamente vestida de gloria. Así se cumple lo que menciona Efesios 5 acerca de la iglesia gloriosa. ¿Qué clase de obra llevarán a cabo los que estén en la iglesia? Reinarán por los siglos de los siglos.

Podemos decir que el plan de Dios puede ser frustrado, pero Su plan no se detendrá jamás. Desde la creación, la obra de Dios ha sufrido muchas frustraciones. De hecho, parece que Su obra fue destruida y que Su plan nunca tendría éxito. Pero en Apocalipsis Dios ha alcanzado Su meta. Vemos un grupo de personas llenas de oro puro, lo cual es algo que procede de Dios. Están llenos de perlas, lo cual es la obra de Cristo, y están llenos de piedras preciosas, lo cual es la obra del Espíritu Santo. Reinarán por los siglos de los siglos.

Ya que hemos visto el propósito de Dios y cómo El está obrando, ¿qué haremos? ¿Debemos fomentar un avivamiento? ¿Debemos abrir un seminario? ¿o debemos regresar a nuestras tareas habituales? ¿Qué estamos haciendo aquí? Dios está haciendo algo grande. Cuando comparamos nuestra obra con la Suya, ¡nos quedamos cortos! Que Dios nos conceda gracia para que paguemos el precio completo después de haber recibido esta visión. Cuando un hombre recibe una visión, él cambia. Que Dios nos dé una visión de lo que El está haciendo y de lo que El busca. Que El nos muestre la clase de personas que El desea conseguir y cuán precioso es el anhelo de Su corazón. Si vemos eso, gritaremos: "¡Oh, cuán pequeño soy! ¡He prestado demasiada atención a mi persona!" Y diremos: "Si Dios no obra en mí, yo nunca podré llevar a cabo Su obra. Todo irá bien cuando Dios mismo se mueva en mí con Su enorme poder". Esta gran visión debe vencernos. Debe mostrarnos que nuestra condición actual jamás podrá satisfacer el corazón de Dios. Nuestra esperanza consiste en que Dios nos dé esta visión. Cuando la hayamos visto, le entregaremos todo nuestro ser; todo cambiará en nosotros. Hoy en día nos encontramos entre dos alternativas: ser vencedores o fracasar. ¿Podríamos permitirnos el lujo de descuidar la oración? Si la descuidamos, jamás seremos los vencedores que Dios desea.

Que el Señor Jesús, Aquel que ha resucitado de los muertos, el gran Pastor de las ovejas, nos sostenga y nos guíe por Su propio poder enorme para que le pertenezcamos a El desde ahora en adelante, que nos consagremos a El por la eternidad, que le sirvamos eternamente, y que andemos siempre en Su camino. Que el Señor nos conceda gracia ahora y por toda la eternidad. Amén.

APÉNDICE

## LOS VENCEDORES Y LOS CAMBIOS
## EN EL MOVER DISPENSACIONAL DE DIOS

Lectura bíblica: Ap. 12

La Biblia enseña que la simiente de la mujer herirá en la cabeza al enemigo. En Génesis 3 la simiente de la mujer se refiere principalmente al Señor Jesús, pero los vencedores también tienen su parte en esta simiente. La simiente de la mujer incluye a la iglesia, y particularmente a los vencedores. Aunque el Señor hirió en la cabeza a Satanás, éste sigue trabajando. Con el hijo varón en Apocalipsis 12 se cumple la promesa acerca de que la simiente de la mujer herirá a Satanás. El único Vencedor incluye a todos los vencedores (vs. 10-11).

### EL MOVER DISPENSACIONAL DE DIOS:
### "AHORA" (EL VERSICULO 10)

Cuando Dios cambia de actitud con respecto a cierto asunto, El da inicio a un mover dispensacional. Cada mover dispensacional introduce algo nuevo tocante a la manera en que Dios actúa entre los hombres. En Apocalipsis 12 podemos ver el mover dispensacional más importante de todos. En este capítulo vemos que Dios quiere concluir esta era e introducir la era del reino. Su propósito no es general ni ordinario. ¿Cómo puede concluir esta era e introducir una nueva? Para esto Dios necesita un instrumento dispensacional. Esto es lo que Dios quiere obtener hoy en día.

### SE NECESITA UN HIJO VARON

El arrebatamiento del hijo varón concluye la era de la iglesia e introduce la era del reino. Dios se puede mover gracias al hijo varón. Sin el hijo varón y sin arrebatamiento, Dios no podría da inicio a un mover dispensacional. No olvidemos nunca que Dios puede ser limitado. Cada vez que Dios está por actuar espera que el hombre coopere con El. El hecho de que Dios ate en el cielo se basa en que nosotros atemos en la tierra; que Dios desate en el cielo se basa en que nosotros desatemos en la tierra. Así que, todo depende de la iglesia. Dios desea que los seres creados hagan frente a los seres creados que han caído. Conforme a Su propósito, toda la iglesia debe hacer frente a Satanás; no obstante, la iglesia ha fracasado. Por consiguiente, los vencedores tienen que levantarse. El propósito de Dios se cumple mediante los vencedores porque ellos obran con El. A lo largo de la Palabra de Dios podemos ver el principio de los vencedores. Dios siempre se vale de un grupo de vencedores para llevar a cabo un mover dispensacional.

## EJEMPLOS EN LA PALABRA DE DIOS DEL MOVER DISPENSACIONAL

Después de la creación, la vida siguió de manera muy ordinaria. Entonces Dios empezó algo con *Abraham*. Dios se valió de Abraham y Sara. El quería una nación, pero empezó solamente con dos personas. Dios obró en estos dos, escogiéndoles de entre todas las naciones para producir un reino de sacerdotes. Abraham dejó su parentela y su país. Abraham era más grande que Abel, Enoc y Noé por causa de la elección de Dios. Parece que estos primeros hombres eran bastante ordinarios. No tenían ningún valor dispensacional para Dios, excepto Abraham. Entonces Dios dijo que la simiente de Abraham iría a Egipto y permanecería allí durante cuatrocientos años. Este era el siguiente mover de Dios.

Dios se valió de *José*, y no de sus hermanos, y lo llevó a Egipto. En el gobierno de José en Egipto, Dios actuaba para bien. José era un vencedor en Egipto. El demostró su poder en el reino y su conocimiento de Dios mediante los sueños. Dios había cumplido un mover dispensacional. El había puesto un vencedor en Egipto; El no puso allí a alguien que podía ser vencido. Este es uno de los principios en la obra de Dios.

Después de cuatrocientos años, llegó el momento en el cual debían salir. En aquel momento, Dios se valió de *Moisés*. Sin los acontecimientos de los primeros capítulos de Exodo, el éxodo de Egipto no se hubiera producido. Moisés salió del agua. El experimentó el éxodo del agua. Más adelante pasó por el éxodo de Egipto. Moisés era victorioso sobre la muerte. Dios lo escogió para que cuidara de Israel. Moisés moraba en el palacio, el cual era el Egipto de Egipto. No solamente su espíritu dejó Egipto, sino también su cuerpo; por lo tanto, Dios lo escogió. Los que pueden decir únicamente: "¡Ve!", y no "¡Ven!" no efectuarán nada. Todo mover dispensacional de Dios se basa en un hombre. Este es el principio de los vencedores.

Cuando la nación de Israel pidió un rey, el pueblo escogió a Saúl. El sobrepasaba a los hombres de hombros arriba, pero toda su capacidad estaba en su cabeza. No obstante, Dios escogió a *David*, el rey que El prefería. David era rey aun cuando estaba en el desierto cuidando a las ovejas. No huyó cuando vino el león, sino que se enfrentó a él en el nombre del Señor. El miedo no es una actitud real, pero cuando vino Goliat, Saúl tuvo miedo. En contraste, David confiaba en el Señor y fue a pelear contra Goliat. Un verdadero rey puede ser rey en cualquier lugar. Más adelante, David llegó a ser el siervo de Saúl. Cuando Saúl se convirtió en su enemigo, David tuvo una oportunidad de matarlo, pero no lo hizo. Aquel que no puede dominarse no es digno de ser rey. Ningún rey de Israel superaba a David. El fue el único llamado "Rey David", porque tenía un valor dispensacional para Dios.

Cuando Israel fue llevado a la cautividad durante setenta años, Dios todavía tenía un mover dispensacional para Israel por causa de *Nehemías*; él era un verdadero vencedor. Mientras él servía a un rey extranjero, se preparaba a regresar a Jerusalén. El no fue impresionado por Susa y los asuntos del palacio. Dios pudo cumplir un mover dispensacional porque había ganado a Nehemías.

Al principio del Nuevo Testamento, un grupo de personas especiales estaba esperando al Señor Jesús en Jerusalén: *Ana, Simeón,* y *todos los* que esperaban la redención de Israel (Lc. 2:38). La espera de ellos introdujo la plenitud de los tiempos, es decir, el Señor Jesús. Dios no hace las cosas automáticamente; espera que Sus hijos colaboren con El.

El Señor tiene dos obras en la tierra: la redención y la edificación de la iglesia. La iglesia es edificada sobre "esta roca" (Mt. 16:18). Los apóstoles fueron los primeros en permanecer sobre esta piedra. Aunque eran débiles en la carne, sus espíritus no eran débiles. Por esta razón, *los doce apóstoles* tienen una posición especial; ni siquiera Pablo es contado entre ellos, pues eran instrumentos dispenscionales. Pablo dijo que él era menos que el más pequeño de los apóstoles. Los apóstoles y los discípulos esperaron en Jerusalén orando durante diez días. Podían haber dicho: "Tenemos que hacer una gran obra después de estos días; sería mejor descansar ahora". Por el contrario, ellos oraban. Eran ciento veinte, pero ¿dónde estaban todos los demás que habían seguido al Señor? Claro está que no todo el mundo obrará con Dios. Estas ciento veinte personas eran vencedores.

### EJEMPLOS DEL MOVER DISPENSACIONAL EN LA HISTORIA DE LA IGLESIA

En la historia de la iglesia el primer mover importante fue la *Reforma*. Dios usó a *Lutero* en ese mover dispensacional. Dios también usó a los *Hermanos* —Darby, Groves y Grant— fueron Sus instrumentos. Después del avivamiento del país de Gales, Dios inició un nuevo mover. Evan Roberts y la señora Penn-Lewis conocían la guerra espiritual; sabían cómo vencer a Satanás. La verdad del reino empezó a ser revelada en 1924. Cuando encontraron a Evan Roberts después de diez años, él dijo: "He estado orando las oraciones del reino". Cada vez que Dios quiere emprender un mover dispensacional, El tiene que conseguir un instrumento por el cual actuar.

¿Estamos al final de la era? Sí es cierto, el reino empezará pronto. Si un mover dispensacional está por ocurrir, entonces Dios necesitará el debido instrumento. La obra general ya no es apropiada. Los hijos de Dios carecen de visión; no ven la gravedad y la urgencia de la situación. *Ahora* es el tiempo de un mover dispensacional. Ser un buen siervo del Señor ya no es suficiente; pues no es de gran uso para Dios. Por favor, observe que no estamos diciendo que no tiene ninguna utilidad. ¿Qué estamos haciendo para cerrar esta dispensación? ¿Qué estamos haciendo para introducir la próxima era? Este tiempo es especial; por lo tanto, se necesitan cristianos especiales que puedan realizar una obra especial.

Hoy en día Dios está esperando al hijo varón. El arrebatamiento es lo único que puede precipitar los acontecimientos mencionados en Apocalipsis 12:10. Dios tiene un orden, y El obra conforme a este orden. Sus ojos no están más en la iglesia; están ahora en el reino. Un vencedor obra conforme al principio del Cuerpo. El principio del Cuerpo anula el sectarismo y el individualismo.

Después del arrebatamiento la mujer será perseguida durante tres años y medio. Entre sus hijos muchos pasarán por la tribulación, pero Dios los preservará. El ser vencedor no tiene por principal objetivo escapar de la tribulación. Debemos ver cuál es el valor del arrebatamiento para el Señor, y no para nosotros mismos.

El mover dispensacional en el cual participa el hijo varón es el más importante, porque remueve el poder del hombre y el poder del diablo, e introduce el reino. Vivimos en un tiempo privilegiado; podemos hacer lo máximo para Dios. *La luz nos mostrará el camino, pero la fuerza y el poder nos permitirán seguir el camino. Se debe pagar un precio alto para ser útiles ahora.*